乔·吉拉德巅峰销售丛书

How to Close Every Sale

怎样成交每一单

修订版

[美] 乔·吉拉德（Joe Girard）
罗伯特·L. 舒克（Robert L. Shook） 著

刘志军 熊璞刚 韩冰 译

中国人民大学出版社
·北京·

丛书总序

“你不是在销售商品，而是在销售你自己。”这句被销售员广为传诵的名言，就是被《吉尼斯世界纪录大全》誉为“世界上最伟大的销售员”的乔·吉拉德提出的观点。

然而，令人匪夷所思的是，在销售领域如此优秀的乔·吉拉德，在35岁以前是一个完全的失败者。他患有相当严重的口吃，换过40来个工作仍一事无成，甚至曾经当过小偷，开过赌场。35岁那年，乔·吉拉德破产了，负债高达6万美元。为了生存下去，他走进了一家汽车经销店。3年之后，乔·吉拉德取得了一年销售1 425辆汽车的成绩。在15年的汽车销售生涯中，他总共卖出了13 001辆汽车。他也因此创造了汽车销售的吉尼斯世界纪录，同时获得了“世界上最伟大的销售员”这一称号。

1978 年 1 月 1 日，乔・吉拉德急流勇退，转而从事教育培训工作，通过在全球发表励志演讲、著书立说销售自己的人生经验。《怎样打造个人品牌》（*How to Sell Yourself*）、《怎样成交每一单》（*How to Close Every Sale*）、《怎样迈向巅峰》（*Mastering Your Way to the Top*）一经出版便成为畅销书和销售界的必读书。这几本书以其亲切、可读、实用和可信的特点，通过一个个鲜活具体的故事和典型案例告诉读者：乔・吉拉德如何通过细小行为的积淀、良好习惯的养成来打造个人品牌；如何运用充满热情与智慧的策略和技巧成交每一单生意，从而克服各种困难，一步步迈向成功的巅峰。当你沉浸在这些书中的情节和场景中时，会不由自主地忘记他曾经坎坷的童年和接连不断的失意，只记得他是一个永远拥有阳光心态、永远充满激情、永不放弃追求、每天规划自己的工作和生活、认真履行对自己和客户的承诺的平凡而伟大的人。

《怎样打造个人品牌》一书阐述了“你不是在销售商品，而是在销售你自己”的宗旨，以及如何打造个人品牌。任何销售的本质都是先销售人——顾客之所以选择与某位销售员达成交易，是因为他们喜欢和信任这位销售员。在书中，乔・吉拉德从销售的角度来看待问题，认为生活中我们所做的很多事情，本质上都与销售有关。他认为，要坚信我们是自己最好的销售员，在向别人销售自己之前，一定要先向自己销售自己。想要将自己成功地销售出去，就要打造个人品牌。这要求我们加强自我修养：通过建立自信和勇气，克服恐惧；培养积极的心态，保持热忱，学会倾听；坚持诚实为上，信守承诺；加倍付出，乐于助人；等等。全书列举了销售自己时会遇到的各种内外部的挑战，并给出了乔·吉拉德实践过的可靠方案。

《怎样成交每一单》一书向我们展示了销售成交的关键技巧。怎样完成销售目标是每个销售员最想解决的问题，而成交又是销售过程中最为关键的部分。无论你面对的是一般顾客还是专业买主，无论你是采用面对面的销售方式还是其他销售方式，你都可以从乔·吉拉德的这本书中找到适合自己的关键技巧，这些技巧包括但不限于：怎样自我营销；怎样解读购买信息；怎样克服客户拒绝；怎样处理客户拖延；怎样排除客户异议；怎样把握成交契机。他借助自己销售汽车时的真实案例对自己的销售方法做了深入浅出的讲解。这本书的语言通俗易懂，娓娓道来，其聊天式的写作风格让人倍感亲切。

《怎样迈向巅峰》一书可以带你体验迈向成功巅峰过程中所面临的挑战以及抵达巅峰时的快意。从身处社会最底层到成为“世界上最伟大的销售员”、全球知名的演讲家，乔·吉拉德始终坚信学习、奋斗、努力的巨大价值和力量。“当命运将你击倒时，你就爬起来！”这是他历经波折后的深刻感悟，也是他深入探究的人生主题。从如何甄别哪些事情纯粹是浪费时间、如何建立自信、如何养成自律的习惯、如何与人融洽地相处，到如何发现你可以抓住的机遇和资源，乔·吉拉德在书中向你展示了怎样充分发掘个人的无限潜力，一步步迈向成功的巅峰。正如美国成功学大师齐格·金克拉所评价的那样：“在《怎样迈向巅峰》一书中，乔·吉拉德分享了一些已被验证的原则和有用的策略。这些原则和策略可以帮助你迈向巅峰。他是首屈一指的执行者，他也会告诉你如何成为最好的执行者。”

决定销售类图书价值的因素有很多，其中作者是否言之有物且具备良好的表达能力很重要。然而最为重要的则是：其一，书中的内容是不是作者本人的切身体会、独特感悟；其二，作者本人是不是运用书中的道理而获得成功的典范。乔·吉拉德的这套书是他对自己的销售生涯的经验总结，没有枯燥深奥的理论，没有华丽却空洞的辞藻，更没有那种让人热血沸腾的“鸡汤”语言，有的只是朴实的文字、平淡的叙述。他通过一个个故事、一段段经历，用心用情传递着实战经验。他的真知灼见皆是自己的心血与智慧的结晶。其实书中向读者展示的不仅是他出色的销售技巧，更重要的是他持之以恒、永不言败的销售精神。这套书的字里行间自然流淌着他对事业孜孜不倦的追求，对生命意义、职业价值、奋斗境界的深入思考，对相信自己、提升自己、不甘落后精神的努力践行。当你沉浸在书中时，你会感觉是在阅读一位好朋友写给你的信，或者是在和一位至交促膝长谈。他相信他能做到的事情你也一定能够做到。他之所以相信你，是因为他也是从过去的诸多经历中学会了相信他自己。

乔·吉拉德是一位务实、真诚的销售大师。在书中他毫无保留地与每一位读者分享了他从一个销售“菜鸟”一直奋斗到职业最高位置的宝贵经验与心路历程。他只写他自己相信的东西，而且这些东西也是他所践行的，因为他所说的一切都源于他的亲身经历。他就像一位教练一样告诉你可以做什么、该怎么去做，然后和你站在一起，帮助你一同向上努力攀登，迈向人生的巅峰。对于任何一位想要有所作为的读者来说，这套“乔·吉拉德巅峰销售丛书”都能为其带来难以估量的价值与帮助。这套书具有独特的力量：不仅可以赋能，还可以持续；不仅可以传播全新的创意，还可以改变态度，激发成功的欲望和奋斗的激情。

随着世界进入移动互联网和数智化新时代，消费变得个性化，市场变得细分化，渠道变得多元化，销售变得人性化。**所有行业及产品的营销环境和销售模式都在发生急剧的变化，但人性是永远不变的。**懂人性就能做销售，懂人性就能做好销售。销售的最终目标不仅是要把产品卖出去，还要把我们的理念、服务、价值一起卖出去，实现我们的价值追求。而销售的过程就是人性和人性之间的博弈过程：信任和怀疑博弈；守信和失信博弈；利益和风险博弈；接受和拒绝博弈，利他和利己博弈。这其中所谓的方法和技巧又必然伴随着人们对人性的理解、利用、探索和追求。真诚地理解并专注于满足人性需求，是销售取得成功的关键。**而要精准洞察需求，科学理解人性，一个根本前提就是提升销售员的素质和境界，描绘出销售员素能的精准画像。**

销售是需要智慧和策略的事业，依据乔·吉拉德的经历和感悟，我们可以从强大的内驱力、专业的销售力、高效的执行力、持续的学习力以及顽强的意志力五个视角来为销售员画像。

一是强大的内驱力。内驱力是指内心的自我驱动力。一个人有多大的内驱力，就可能实现多高的目标。优秀的销售员首先要热爱销售工作，把职业当事业，锲而不舍，久久为功；其次要有明确的奋斗目标，相信自己的力量，通过为客户提供价值实现自我价值。

二是专业的销售力。优秀的销售员必须具备专业的销售力，具体来说包括以下方面：要有敏锐的眼光和市场洞察力，不断发掘客户需求，积极开拓市场；要掌握销售的流程和体系，遵循行业规则和服务原则；要不断强化团队协作能力，以结果为导向，用业绩证明自己，努力成为销售领域的杰出人才。

三是高效的执行力。销售员是靠执行来取得业绩的。要有踏实的行动、积极的态度、不懈的努力、一丝不苟的工作作风，才能取得更好的业绩。执行力强的销售员能够全心投入，持之以恒；能够事事有着落，时时有回音；能够快速行动，迅速反应，始终保持高效率。

四是持续的学习力。乔·吉拉德说过："你永远不能满足于自己现在的成就，永远要不断地学习。"成功绝对不是偶然的，而是由一个个细节积累而成的。销售员的学习力是直接服务于其销售力的成长的，是直接服务于其销售专业度的提升的，也是直接服务于其业绩的取得和增长的。优秀的销售员一定要在"干中学"，在"学中干"，坚持知行合一、以知促行、以行求知，不断提升自己的本领；要培养好的学习习惯，举一反三，融会贯通，像植物的根系一样不断吸收养分，对各类新知识保持高度的热情和关注，将个人强大的学习力转化为持续的销售力。

五是顽强的意志力。每一位销售精英都是从不断的否定、不断的拒绝、不断的挫折、不断的打击中成长起来的，销售业绩也是在这个曲折的过程中创造出来的。乔·吉拉德的成长和成功经历表明，销售员如果没有顽强的意志力，如果没有较高的逆商和较强的自我调适能力，如果没有坚韧不拔的毅力和绝不轻言放弃的态度，是很难攻坚克难、迎难而上的。因此，杰出的销售员一定要发扬“行遍千山万水”“道尽千言万语”“想尽千方百计”“历经千辛万苦”的精神，着眼于长远，增强抗压能力，通过复盘与改进使自己的心智不断成熟，业绩不断增长。

书籍的寿命有长有短：有的寂寂无闻，鲜为人知；有的火爆一时，随后沉寂；有的畅销不衰，历久弥新。一本书能否流传久远，并不是取决于作者是否有这样的主观愿望，而是取决于它能否滋养和感染一代代读者的心灵。从这一角度而言，读者便是书籍寿命的决定者。相信此次中国人民大学出版社重新推出的“乔·吉拉德巅峰销售丛书”会一如既往地受到读者的欢迎，因为这套畅销书所揭示的是人性最基本、最淳朴的特质，所阐释的是个人努力所能迸发的巨大魅力。这些特质和魅力不会因时光流逝而衰减，不会因时代变迁而湮没，反而会成为任何一个时代的人都应当追求的人生最高境界。

王德胜

山东大学市场营销系教授、博士生导师

前　言

几年前，我写过一本名叫《怎样打造个人品牌》的书。现在我得先让你知道为何我有资格写《怎样成交每一单》这本书。首先，由于我在 15 年间卖出了 13 001 辆汽车，因此，《吉尼斯世界纪录大全》把我列为“世界上最伟大的销售员”。我创下了高价位汽车零售的纪录，同时我采用的是面对面销售的方式。我没有做车队的大量团购，也不做汽车租赁。我出售的每辆汽车都是通过零售的方式卖出，一次出售一辆。

自从我离开了汽车销售这一行业，我已经写了 4 本书，它们都在市场上销售。我已经在全世界的人们面前发表演说，告诉他们我是如何做到这样的销售业绩的。我的听众来自不同的职业人群：保险经纪人、房地产经纪人、汽车经销商——你可以称他们为“销售族”。很可能已经有读者听过我的演讲了。

不管我在哪里发表演说，不同的听众总会问同样一个问题：“乔，你的制胜秘诀是什么？告诉我们你是如何成交你所有的销售订单的。”

毫无疑问，如何完成销售目标是销售员特别想听的主题之一。理由很充分，因为这是销售中最难完成的部分。毕竟，销售员除了要实地展示一流新车驾驶起来的快感，或者带客户去看一栋漂亮的郊区房子之外，还要设法让他们在虚线上留下亲笔签名，这样才能拿到他们辛苦赚来的钱！然而，当客户的亲朋好友也纷纷加入销售行业后，销售工作就越来越难做了。

成交显然是销售展示中最关键的部分。坦率地说，**如果你不想成交，你就无法完成任何一笔生意。**想想看，如果这笔交易没有完成，客户和你的时间都会被浪费，你也无法从你的服务中获取利润。当然，客户也许会获得一些他先前并不知道的产品知识，但是如果没拿到订单，你就领不到佣金，你和公司付出的时间和努力也会付诸东流。你会前功尽弃，无功而返。

事实上，销售是非常有趣的工作，而且你可以从中获取报酬！因此，不要蠢到认为你的工作只是在做销售介绍，而并不在乎有没有成交。你可以不断展示你的产品，但如果不能成交，你所有的努力都将白费。很多销售员告诉我，每次他们遭到客户拒绝时，其实他们很快乐。我不相信会有这种事。当人们被拒绝时，他们如何快乐得起来？我肯定，当他们说“每次被拒绝，意味着我越来越接近成交阶段”

时，他们只是在为自己的失败找借口。因为失去一次成交的机会，如何能快乐得起来？这听来实在荒谬。请记住：在你没有把东西卖出去之前，一切都等于零。而在成交之前，你什么也没卖出。

在销售的过程中，成交是最关键的环节。多年以前，我曾经目睹一批销售员进行了无懈可击的销售展示。他们做到了我书中提及的每项要点，除了成交之外。

了解我要传达的主旨后，你会发现成交并不是在销售展示之后才发生的。不过，只有当客户同意出钱交换你的产品或服务时，才算到了成交的最后关头。许多初入行的销售新手会把这种反应当作已经成交，但产品销售是非常复杂的过程，从自我行销到适当答复客户提出的异议都包括在内。只要求客户在订单上签字是行不通的，无论你的理由多么具有说服力。你必须针对你的产品创造需求，你必须激发他的购买欲望，让客户相信你的产品比他的钱更有价值。在你读完本书后，能否成交一笔订单，就取决于你的销售展示和其他部分的努力了。

我将告诉你如何做成一笔交易，我说的都是从我多年销售生涯中得来的实践经验，并非某些人士在象牙塔里构想出来的。你也知道，我曾经亲赴销售第一线，而且我得到了应有的报酬。我已经离开了销售战场上深及膝盖的战壕。我必须完成每一笔交易，否则我的家人无法解决温饱问题。我们的存活都依赖于此。

在本书中，我将告诉你许多成交的方法，它们并非我独自研创出来的。你知道，当我踏入这一行后，我很虚心地去学习任何相关知识和销售技巧，以便销售更多的汽车。我撷取每位我认识的销售员的思想成果，只要我认为其中有值得学习的地方。此外，我阅读报纸杂志，也听销售方面的录音带，再从中选择对我最有益的部分。我从张三身上学到一点，从李四身上也学到一些，我再细细琢磨，直到用起来得心应手为止。我相信最后形成的必须是独一无二的乔·吉拉德——但请记住，我并没有重新发明成功的原理。谢天谢地，你们也不必成为顶尖的生产者。

也许你会怀疑你可以从我身上学到什么，因为你销售的产品和汽车风马牛不相及。不过当你读完这本书后，你会发现，一个顶尖的销售员什么产品都能卖。因为客户要买的不是产品，而是你自己。因此，**你可以把我告诉你的销售经验灵活运用在各行各业的销售上。**

美国联邦最高法院大法官奥利弗·温德尔·霍姆斯（Oliver Wendell Holmes）说过，一个观念被移植到另一个人心中后，通常会比刚出现时成长得更好。因此，我请你接受我的想法，让这些想法对你比对我更有用。

现在你或许正在想："乔·吉拉德真的愿意告诉我完成每笔交易的秘诀吗？"我是完全当真的。倘若我不是，我不会给这本书命名为《怎样成交每一单》。

乔·吉拉德

目 录

第 1 章

如何克服客户拒绝

我不讳言，很多人不喜欢被营销的感觉。他们对销售员有一种惯性的排斥。事实上，如果能做选择，他们宁愿销售员不要去拜访他们。

不必惊讶，我说的是一般现象。别把这些话理解为没人喜欢成为销售对象，也别认为所有的客户都会拒绝你，更别因此断定每次你去营销都会吃闭门羹。如果你有丰富的产品知识和销售技巧，就会有很多客户去购买你的产品或服务，足以让你在销售生涯中获得丰硕的成果。

请容我解释清楚，我最想做的事是在本书一开始，提出一些销售过程中常见的流弊。无论如何，我们必须在基本观点上取得共识，这是非常重要的。我不赞同某些业务经理的论调。你我都知道，客户不喜欢销售员蛮横地闯进他们的屋里，或像个扫荡流氓的警察般闯入他们的办公室。事实上，大多数的客户都会特意避开这种侵扰。因此，不要存有错误的观念：客户会张开双臂，等着你卖东西给他们。这种销售方式是不可能行得通的，是永远行不通的。如果营销这么容易，你就会沦为“接单员”，而你的公司也有理由把你的佣金大打折扣。

我相信，我们必须采取一种实际的销售方法，记住，**客户有千奇百怪的理由拒绝购买，而要克服客户拒绝，你最好能了解他们为何有这种想法。**

对销售员的恶劣印象

让我们勇敢地面对这个事实。尽管今天世上有许多专业的销售员，但我们在销售时留给客户的印象普遍不佳。当你想到“典型的”销售员时，你心中呈现的是什么形象呢？老实说，连我在心里勾画的景象，甚至是我知道的好点的景象，都是一个聒噪的家伙身着方格衣服，在他的销售路线上开发客户。长久以来，销售员在人们心中就是那种说话像连珠炮一样既快又多，同时常用欺骗、胁迫或煽情手法来销售商品的人。

遗憾的是，在我们美国人眼中，销售员更是可耻且诡诈的一群人——这种偏见源于昔日贩卖万灵药水的药商大声地对前往西部拓荒的人叫卖“让我告诉你，我的药多有效！”的销售员话术，而机敏且警觉的年轻拓荒者很快就看穿药商口是心非的把戏。在早期的教科书中，为了警告我们不要相信卖方的话，我们还看得见 *caveat emptor*（“货物出门概不退换”）这句拉丁语。

经过舞台剧和影视节目的夸大，销售员说话像连珠炮、喜爱插科打诨，以及衣衫不整、讨人厌等特点，鲜活地留在人们心里。尽管国内马戏之王 P. T. 巴纳姆（P. T. Barnum）竭力否认，“每分钟都有受骗的人”这句话至今仍常常出现在街谈巷议中。当我们快速检视美国影艺作品时，最先呈现在我们心中的是《推销员之死》（*Death of a Salesman*）中的威利·洛曼（Willy Loman）、《广告员》（*The Hucksters*）中饰演油腔滑调的广告商的克拉克·盖博（Clark Gable）、《欢乐音乐妙无穷》（*The Music Man*）中的哈罗德·希尔（Harold Hill）教授，以及在《锡人》（*Tin Men*）一片中饰演悲情摊贩的丹尼·德维托（Danny DeVito）和理查德·德赖弗斯（Richard Dreyfuss）。当我想到美国影艺作品中的销售员时，竟然连一个令人满意的角色也没有。据我所知，在过去的岁月里，没有一个年轻人心目中的偶像是销售员。

我无意评价一般人的印象是事实还是误解。然而，我知道，销售业的男女前辈留下了一个传统：制造很多困惑让我们去克服。举例来说，在我们这个特殊的行业里，汽车销售和百年前卖马的情形有点相似。事实上，美国人买车时，还存有“卖劣马给外行人”的印象。现在，很少有人会根据定价买车子，但是在其他零售业中，几乎没有讨价还价的余地。例如，当你进入梅西百货旗下的布鲁明戴尔百货店时，你不可能说：“那件衬衫 20 美元吗？卖 15 美元好了。”但是买车讲价是美国人的传统——倘若你不愿意因为客户杀价而减少你的利润，你这笔生意恐怕就会泡汤了。

我以销售汽车为例，是想让你们知道我曾经面临的难题。我必须克服许多障碍，这些障碍和一般人对汽车销售员的恶劣印象有关。不过，我学会了绕开这些障碍，不被它们绊倒。这些障碍也会成为以后竞争的羁绊。我相信一位优秀的销售员能接受所有的劣势，并将其转化为对自我的挑战，最后形成有利的竞争条件。因此，当客户以防御的姿态进入我的展示间，并以为会遇到一个油嘴滑舌且老谋深算的汽车销售员时，我——乔·吉拉德肯定会让他们对销售员的印象大为改观。那是因为我想要帮助他们，我想卖给他们对他们有益的东西。当他们发现我的诚意和说服力后，他们拒绝购买的情绪就会缓和一下。最终，他们会对我另眼相看，同时对我说："乔，你不像其他汽车销售员。我喜欢跟你做生意。"

因此，人们对销售员印象不佳的情形，不见得就一定会发生在你身上。**如果你能扭转客户的成见，这将变成你的优势**，因为你提高了自己的层次，使你的竞争力胜于其他销售员。

买卖双方的斗法

销售展示经常会演变成为买卖双方的拉锯战，你来我往缠斗不休。如果销售员做成了这笔生意，竞赛结果就是他赢买方输；反之则胜负易位。换言之，其中存在着一种"双方拉锯"的关系，销售员则被客户视为对手而非队友或盟友。

许多客户认为销售员根本是在利用他们，因此他们会起疑心，在销售展示时，他们会找出各种理由来拒绝购买。这种反应变成了一种自我保护。因此客户不愿意在你的操控下买东西，即使他们真的需要你的产品，也会先了解买下该产品的特别价值。

糟糕的是，许多销售员也把销售看成是买卖双方的斗法，在销售过程中，他们和客户斗智，如果成功，他们就赢得了这场战斗。他们将诚实的营销当作一种诈术。对这些销售员来说，营销象征征服。他们变成胜利者，而客户则成了他们的手下败将。

老实说，我想不出更恶劣的情节了。当你把自己当成客户的敌人时，你是存心和他对抗，而不是为彼此谋取利益。切记，你们是同一队的伙伴，而且一旦成交之后，是买方和卖方双赢的局面。

你必须思索如何帮助你的客户做出最正确的决定。每次有人进入我的展示间时，我都会把这当作帮助客户买车的一次机会。我深信这是客户愿意走进我的展示间的缘故。毕竟，除非汽车销售员对车子有兴趣，否则他们不会从事汽车销售工作。同样地，股票经纪人是对投资感兴趣，房地产经纪人则是对房地产的交易和情报感兴趣。如果你能从这个观点来考量销售的意义，你就不会成为客户的对手了——你们是同一阵线的盟友。

例如，当工业产品销售员把笨重的机器卖给大型制造公司时，他必然把他和客户的关系看成合伙关系。在他眼中，销售是义务的履行。经过一段时间，他在逐渐了解每一位客户后，就会建立起长期的合作关系。

在销售员把价值数百万美元的机器卖给客户后，公司的技术人员在销售的成果上也尽了一份力。公司的技术人员或许花了好几个星期的时间研究如何帮客户安装机器，他们还可能提供一份跨越好几个年度的成本/利润分析报告给客户。销售员和客户则可能投入好几天时间，合力促成一个独特的销售展示。最后，客户感觉到两家公司正以合资企业的方式合作来谋求利益。如果能做到这一点，客户便拥有最大的满意度了。

同样的道理，一家盈利的房地产中介公司可以传达相同的感觉给其客户。股票经纪人和寿险经纪人亦然。事实上，**重点并不在于你销售什么东西。当你真的想要服务你的客户时，他们会感觉得到，而你也会因此克服客户拒绝购买的情形。**此外，我相信这种互惠的气氛可以在销售展示时逐渐蔓延。如果你没办法创造它，你就会发现自己变成了客户的敌人，到了要成交的最后关头，你会让自己陷在真实的战场之中。极有可能，它是一个没有赢家的战场。

什么是销售员的不良形象

每个人或多或少都会对销售员有恶劣的感受，如不专业、感觉迟钝、捏造事实、口是心非，以及诈骗等，因此不时会对销售员恶言相加，且词锋犀利。每个人迟早会遇上这类销售员。

即使登门拜访的是专业销售员，他们也会用卑鄙的营销手段造成客户的焦虑不安。因此，你必须了解客户并非本能地抗拒销售员，他们的态度不是与生俱来的。

我和所有人一样。我曾经遇过许多紧迫逼人、令我反感的销售员，他们试图摆布且逼迫我去购买他们的产品。我也参加过销售展示，被他们提出的空头支票所欺骗。因此，当我被这种花言巧语、为所欲为的销售员欺骗过后，我痛苦的经验之谈你最好相信。任何人一旦遇上缺德的人，都会发怒且不舒服的。

然而，所有事情都是环环相扣的。接受我的劝告反败为胜吧。营造一种气氛，让客户知道你好相处、见闻广博，而且专业。想象一下，对于原先以为会有一场带有恐吓性质且含糊其词的销售演示的客户而言，客户对比先前对销售员的恶劣感受，会认为我们这种优秀的销售员看起来更好。这就是为什么当我告诉新客户去“享受和乔做生意的经历”时，他们能够很快地掌握我的意思。

客户的时间是宝贵的

每位销售员都会把“时间就是金钱”这句话深植脑中。正因如此，我不再赘言如何管理时间。不过，我要谈谈重视客户时间这个问题。

这是一个反向思考，不是吗？销售员往往只关心如何睿智地安排他们的时间，却没有考虑到客户的时间也是宝贵的。

通常，销售员在成交关头功亏一篑，原因是他没有重视客户的时间。最好的客户是有能力购买你商品的人，而绝大多数的有钱人是因为懂得善用时间，才能积存他们的财富。另外，我还要再说一遍：时

间就是金钱。当知名的银行抢匪威利·萨顿（Willie Sutton）被警方审问为何要抢银行时，他答道："我抢银行是因为那里有钱。"相同的道理，你也会想要为重视时间的人进行销售展示。

为了达成交易，你必须重视客户的时间，同时了解他们如何安排时间。成功的专业人士和企业家都非常忙碌，他们大多雇用门房来帮他们过滤销售员和没有事先打电话约见的人，只让1/12左右的人通过大门，进入他们的会议室。由于老板们整天开会、接听电话、会见访客……忙得不可开交，因而门房必须负责把关工作——如果高层主管和企业负责人接见每位访客的话，他们根本没时间做其他的事。然而，他们仍不时抽空听取销售员的意见。他们必须依赖销售员提供的信息，以跟上最近的发展步调。因此，尽管他们的行程排得满满的，有时他们也必须抽出时间来处理重要的销售拜访。我一向认为花时间跟我乔·吉拉德晤谈，是将时间做了最好的运用，我敢保证我的拜访是我客户的重要约会之一。

我非常欣赏重视时间的人，因而我一向通过约见来销售我的产品。你也许会认为："一个汽车销售员也要约好商谈时间？"是的，这种做法在这一行的确不常见。但是我这么做是有充分理由的，因为不仅我能善用时间，而且我的客户会抽出时间向我买车。毕竟，我知道举办一个不完整的销售展示没有太大意义，而且到了成交时，客户很可能告诉你："乔，很抱歉，我有事必须回办公室。这几天恐怕没时间和你见面了。"

进入这个行业三年左右，我才开始和客户约定商谈时间。我的工作方式就像律师或医生，这使我显得更专业、更重要。偶尔，商谈时间会向后延，客户必须等候约一个钟头之久。这时我会告诉他们："你等得越久，我卖得越便宜。"我会解释这是因为我重视工作的品质，我只需要赚点利润过日子，而这似乎能满足大多数人——他们愿意忍受长时间的等待。

建议你进入客户的办公室时，应该找一个适当的位置，如此一来，整个销售展示就会顺利得多。**这往往意味着要排定一个商谈的日期，让客户能心无旁骛地听你的销售展示。**

我承认现场销售展示会吸引反应热烈的客户。他们会亲切地欢迎你，并邀请你："马上到我办公室让我了解你的产品，但是要快一点，我只有 20 分钟时间，接着我还有一场董事会要开。"

很明显，在 20 分钟之内要完成需时 60 分钟的销售展示将不利于你。在这种情况下，我建议你看看你的手表，然后说："客户先生，我很抱歉，我还要赶赴下一个约会，我非常乐意为您介绍我们的商品，但是我连 5 分钟都抽不出来。我今天拜访您的唯一目的是和您见个面。我的商品介绍必须事先约好，所以我们得找一天花 1 小时来洽谈，我才能完整地把我的商品介绍给您。"

这种直截了当的方式表明你既重视客户的时间，又重视你自己。再者，和热心的客户约定会面时间，也可以确立你的专业形象。很可能下次你到他办公室，他拒绝购买的情绪已经缓和下来了。

很自然地，客户答应给你的时间要视你销售的商品而定。例如，一家办公用品的业务代表只需要几分钟时间来销售铅笔、打印纸、订书钉等文具。一个房地产经纪人就可能需要几小时的商谈时间。有些行业需要更多的商谈时间。举例来说，一次介绍复杂的信息处理系统的初期会议可能需要耗费一整天时间来和几家公司的高层主管商谈。而且这次会议只是刚开始，接下来还得召开数百小时的会议，直到这笔交易完成。

销售员的消费观点

这是真的。绝大部分的销售员不敢期待会成交一单销售。他们一再地被击败，一旦他们成功，他们确实会喜出望外。

令我吃惊的是，我们公司的其他销售员每天一早就聚在一起，讨论他们昨晚的活动、早餐和太太的抱怨，或是一些与工作无关的话题。我有十足的理由称他们为“笨蛋帮”。不过，我是个独行侠，不喜欢加入这些人的小圈子。我的行事风格就像特德·威廉斯（Ted Williams）这名独行侠——而这名棒球选手单个赛季打出了 400 次安打。

我在开始工作之后，不想浪费我的时间和他们闲扯。毕竟，他们不会向我买车！此外，我不想一大早起来就闲聊。我没有时间去听他们说的笑话，我也不想和其他汽车销售员一起共进午餐。

我的工作是销售车子，我不想整天听其他销售员吐苦水。但是我偶然还是会听到。当几位客户走进展示间时，其中一名销售员可能会说：“你去招呼那个人，我不想去。他只是来打听行情的。”另一名销售员可能会看看下一位客户，然后说："他跟他老婆一起来，这是个不好的征兆。"其他人可能会说："你看这个骗子，他连件体面的外套也买不起。"他们不定期地会批评一下这位客户的头发太长，另一位客户则属于"不会买车"的老古板。一整天时间，这些家伙都在想为何这些人都不是有希望成交的潜在客户。我简直不能相信，他们试图说服自己没有人会买车子。但是我相信每个走进展示间的人都有一个理由：买车！我认为每个走进展示间的人心中都有一个念头——他想要买一辆车子。要不然为什么他要来汽车经销店呢?

至今，我还想不通这些销售员是根据什么来判断客户的购买能力。到底要怎样从一个人的外貌来判定他们会不会买我的产品？我也反对批评别人看起来不顺眼。在我多年的销售生涯中，我从来不敢从客户的外表来判断他们会不会买我的产品。

其他行业的销售员对客户也有相同的否定现象。他们把大部分的时间花在赶走潜在客户上，甚至连从车子里出来打几通电话联络都嫌费事。他们把一半的时间用来思考客户不愿购买的理由，而不是进行销售展示。

既然如此，当他们鼓起勇气去做销售展示时，他们心中必然充满了疑虑和恐惧。我无法忍受和这些消极的人为伍，我认为客户也会有相同的看法。毕竟，有谁会需要一个气馁的家伙走进他办公的地方，还审判似的把欢乐的气氛弄得阴沉起来。如果有这样一个人进入你的家或办公室，你会怎么做？我会把他当成瘟神一样赶走。

我经常听到其他销售员叙述他们放弃客户的理由。我特别努力地让自己相信每个人都是很棒的客户，请了解这一点。我确定我要去营销产品，我不得不对我将会面的客户产生热忱。相信我，这种情绪是会传染的。这和那些到处散布负面想法的销售员岂不形成了有趣的对比？而他们也无法理解为何他们会遭到这么多拒绝！

对一个好人说“不”是困难的

我已经告诉你所有有关销售的问题了，我不认为指出人们对我们这些以销售维生的人有担心、麻烦、不舒服的情绪反应会引起震惊。

但是，假如在他们心中营销等于被压迫、被侵扰，以及被胁迫做出违反他们意愿的决定，你也不能责备他们。可以理解，遭受这样的对待毫无乐趣可言。

让我们牢记：销售员应该给予客户做决定的动力，而对某些客户而言，所有的决定都有转圜余地。我在“如何克服异议”一章中将详细说明。尽管客户预期会有这些虐待和凌辱，但是当他们遇上他们喜欢的销售员时，潜意识中还会存有另一种让他们头痛的焦虑：人们不喜欢说“不”！

花点时间想想我刚才说的话。说“是”是不是比说“不”容易得多？每对父母都知道答应孩子的要求非常容易。因此要拒绝一个迷人、诚恳而且有说服力的销售员并非易事。当然，如果他是一个心肠不好的坏家伙，你大可不必在意拒绝他会伤他的心，但是对于态度极佳的正派销售员，你的感受必然会截然不同。

想想看，当你花 1 小时左右的时间去倾听一个体贴的专业销售员告诉你拥有其产品的好处时，你得到的是明智且合逻辑的购买意见，你也会知道这个销售员想要做你这笔生意的动机有多强。在这些情况下，大部分的客户都会对占用销售员的时间却让他空手而归有罪恶感。毕竟，销售员是靠销售佣金过活的，销售员和其他人一样，都有妻儿要供养。你了解我的意思吗？客户知道，当他们遇到一个“好好先生”销售员时，他们会立刻觉得应该购买。这一切都意味着某种程度的焦虑在洽谈过程中会一直隐隐作祟。

客户要拒绝你是很困难的，有时比答应你还要困难，一旦达成交易，这种经验将对你有很大帮助。当客户需要你销售的产品，同时你也善于介绍时，这个理论特别适用。如果再配合你的诚意和说服力——所有的拒绝都会变成同意。

第 2 章 自我营销

在前言部分，我已经告诉过诸位我曾是世界第一的汽车零售销售员。然而，本章的章名是“自我营销”，所以我要再说一遍。前面我没有提到的是，除了卖车外，我也卖世界第一的产品——我自己！我郑重向您营销乔·吉拉德这个人。

这样听起来或许有点自大，但与单纯卖汽车、电脑、房地产有些不同，我还卖世界第一的产品。如果我是会计师、律师、医生，我会觉得自己是世界第一的产品；无论我以什么为生，我都会帮自己洗脑，告诉自己我是世界第一。如果我不这样认为，别人也不会。

你得相信你在营销世界第一的产品——你自己！

曾经有人问我：“喂，乔，怎么可能你和我卖的都是世界第一的产品？”

我的答复是：“每个人都是独一无二的。世界上没有另一个我或另一个你。”

我认为明白你自己的独特性对你是很重要的。一旦你了解这点，你就能明白在掌握客户的购买意愿上面，你和别人有多大的不同。让我们正视它，我们每个人都拥有自己特质组合的独家专利。

无论你营销什么产品，你都会和别人有所区别。在美国，有将近 2 000 家人寿保险公司销售相同的产品；所有销售上市证券的股票经纪人也有相同的股票和债券要卖；房地产经纪人则营销各地电脑联网作业的房地产商品。在办公设备、零售服饰、超市等行业，你都可以有不同的表现。

因此，你所要做的就是：**你必须自我营销。客户必须喜欢你而且相信你，否则他没有理由向你购买而不向其他人购买。**

营销你的公司

我并没有建议你只营销你自己而不管你的公司。虽然我认为这两者之间你比较重要，但你公司的声誉是一项强有力的卖点，它可以帮助你达到成交的目的。当你正在拜访一名不友善的客户时，它能证实你是值得信赖的。即使你的客户跟你并不熟，他也肯定听过像 IBM 公司、美林证券、通用电气公司等这些公司的大名。若客户知道你的公司声誉很好，则可以消除他和陌生人做生意可能产生的疑虑。排除这些猜疑后，你就已经去除了一个可能影响成交的反对意见。你已经预先展现出你公司的产品是有保障的。同时，客户也会知道你所属的这家有名望的公司雇用的都是一流人才，也就是你在宣传公司良好声誉的同时，也营销了自己。

不宣传公司的优点是不对的。有些销售员踌躇不前，是缺乏自信的缘故。他们认为如果他们跳槽到其他公司，客户会继续和原来的公司做生意。事实上，只要你和客户保持良好的关系，他们会跟着你到天涯海角做生意。停止这样的想法吧！如果你买了一份人寿保险，难道你不想和销售员共进退吗？当我们的社会变得越来越有服务导向时，销售员会扮演更重要的角色。

话说回来，如果你所属的是小公司或不具知名度的公司时，你该怎么办？此时，你必须集中精力塑造自己卓越的形象。**如果你有熟识的客户，或许可以通过他们从中介绍。如果没有，你必须依靠自己的优点去营销公司的特色。**如果你能善用营销策略，或许你可以使你的公司名扬四方。事实上，我的确使我的公司出名过，因为我曾经招揽来一群人到公司打听我这个人。

其实，无论你代表的公司的规模有多大，客户除了和你联系之外，和其他人接触的机会可以说微乎其微。比如，像美林证券、西尔森-雷曼·哈顿公司或添惠公司这些知名证券公司的业务人员，除了公司总裁外，客户和其他工作人员并没有个别接触。当某位客户向大都会人寿、恒康人寿或其他保险公司买保险时，情形如出一辙。在销售过程中，客户只会接触经纪人。换句话说，销售员是公司唯一会接触客户的人！

成交的法则：说服力

在你将你的产品卖给其他人之前，你必须把自己百分之百地营销出去，否则，如果你无法让人心悦诚服，无论你多么努力地虚张声势，你的客户还是会一眼看穿你。

马丁·夏佛洛福（Martin Shafiroff）是被西尔森-雷曼·哈顿公司推举为世界第一的股票经纪人，他强烈地相信说服力的重要性。他宣称："所有伟大成功者做的事，都有强大的说服力。如果你想要成交一笔生意，第一个必须营销出去的就是你自己。我认为这是非常重要的。如果你相信你自己所做的事，对方也会对你的意见有相同的评价。基于这个理由，我认为销售员应该向外探索，也就是研究、检视和分析整个投资范围，直到他能找出让他产生强大说服力的产品和销售策略。"[1]

夏佛洛福相信只有当你有强大说服力时，你才能让别人接受你的看法。他认为销售员的说服力甚至可以强大到通过电话营销，让远在千里之外的对方感觉到他们的存在！最好的证明是，在夏佛洛福的客户中，有不少人高居总统等要职或为《财富》世界 500 强大公司的董事会主席，这是其他销售员无法企及的，而且其中有 75%的客户都是他独自开发的。

当销售员强烈地相信他们产品的价值时，说服力自然随之而来，而他们唯一强烈的动机就是提供产品价值给他们的客户。真正伟大的销售员会渴望提供产品的好处给客户，而不是收取巨额的佣金。当金钱成为主要动力时，销售员很少会成功。客户可以从销售员的眼神中看出他对金钱的渴求，因为所有迹象在他们脸上显露无遗。你必须想一想客户最感兴趣的是什么，你的喜好则是其次。把赚钱的念头抛在脑后吧！当你设法找到你的客户时，大笔的佣金支票才会随之到来。

我在销售雪佛兰汽车的时候，我确信它是制造精良的车种，但**我十分明白雪佛兰没有奔驰或宝马汽车开起来那么舒适，不过我坚信雪佛兰物超所值**。我了解任何一位预算有限的客户都会把每一分钱花在刀刃上。我必须相信这一点，不然我就卖不动雪佛兰了。

因此，**你也要相信你的产品是同品级中最有价值的**。最好的说明是你亲自拥有它。我一直开雪佛兰汽车，却看到雪佛兰的经销商开着凯迪拉克和奔驰到他们的汽车展示间。任何时候只要我看到他们这样，我都会觉得恶心。当然，那个时候我买不起任何车子，但是如果我像他们一样，我的客户会认为："吉拉德不屑开他卖的车子。"依我之见，给客户传递这样的信息是愚蠢的。

无论你销售的是什么，你都应该自己用用看。曾经有个人寿保险经纪人想要卖给我 50 万美元的保单，我问他自己买了多少钱的保单。他低声回答："呃，乔，我买了 25 000 美元的保单。"听完他的话，无论他跟我说什么，我都听不进去了。他有没有我需要的优良产品并不重要，可是他让我觉得很不舒服。几个星期以后，我问另一家人寿保险公司的经纪人同样的问题，他据实相告："我买了 100 万美元的保单。"他充满说服力的态度让我知道他信任他想要卖给我的商品，于是我向他买了一张高额保单。

如果销售员没有使用他们自己的产品，那么他们很难让客户相信他们所卖的产品，他们会传送负面的信息给客户。我曾在《财富》杂志上读过一篇罗斯·佩罗（Ross Perot）[2]写的名为《我如何转变通用汽车公司》的文章。他反对高层主管雇用司机开车上班："需要司机开车送他去上班的人，可能老得无法列在员工名册上，任何汽车公司的工作人员都应该开他们自己的车，因为他们无法从后座得知车子的性能有多好。"佩罗的批评真是一针见血。如果你不使用你营销的产品，你就会发出这样的信号："我的产品给你用还不错，不过我用的话就不够好。"如果你这样说给客户听，一定会弄得很不愉快！

表明你对自己销售的产品的信心是非常基本的，不只是对汽车，对所有的产品都应如此。想想看，某家名牌男士服饰店里有位穿着廉价衣服的店员在接待你，或者化妆品柜台后面有一个脂粉不施的店员，或者健康中心一位肥胖的招待员正试图说服你成为终身会员，将是怎样的情景。

正向思考的力量

我不想多言正向思考的力量，我的好友诺曼·文森特·皮尔（Norman Vincent Peale）写了好几本书来探讨这个主题。但我也不认为这本讨论如何成交的书可以完全忽略积极态度的重要性。在我文章所记录的成功人士中，我举不出有负向思考的实例。正向思考是所有

成功者的共同特质。

要成为一位成功的销售员，你必须相信自己有能力把你的产品销售给每一位客户。然而，我并没有暗示你只要想着成交，你就可以心想事成。一位缺乏商品知识、营销经验或相关训练的销售员若认为自己能把产品卖给所有顾客，那么他就是一个只会做春秋大梦的家伙，而非积极的思想家。你不能在早上起床后照镜子，就期望看到镜中有一位成功的销售员盯着自己。你必须建立优良的形象，否则，你将欺骗你自己。

想象营销法

在原生回馈（控制脑波以维持特定的精神状态）的疗程中，一个能显示生理活动资料的仪器连着病人，以监控病人的情况。举例来说，一位患心动过速的患者如果装上示波器，可以立刻看出心跳的波形。在医生的指导下，病人一边观看示波器，一边放松自己。接着医生会指导他在心里冥想，勾画出一幅宁静安详的画面，比如说，坐在海边，看着海浪涌进，享受阳光的照耀，感觉有一阵轻柔的海风吹过脸庞。病人越放松，他心中的图像会变得越清晰。这种心灵活动的结果是：示波器显示病人的心跳明显地慢下来了。最有趣的是，这台仪器将病人的情绪状态记录下来了！

斯特芬妮·西蒙顿（Stephanie Simonton）是世界知名的心理治疗医师，她专精于治疗癌症患者。她主要的工作就是指导癌症病人进行冥想练习，在心里想象健康的细胞正在攻击和破坏癌细胞，以增强病人的抵抗力。通过这种心理活动，有些病人的健康状况发生了神奇的改善，他们体内的癌细胞大量减少。如果将这种方式结合药物治疗，那么不仅可以阻止癌细胞的扩散，而且可以治愈病人。既然光凭想象就能击败可怕的癌细胞，那么是否应想一想如何利用它改善你的销售技巧呢？

这种方法并不是最新发现的。世界著名的重量级拳击手吉姆·科比特（Jim Corbett）先生曾运用这个方法准备他和约翰·L. 沙利文（John L. Sullivan）对打的冠军赛，后者当时已蝉联十届世界冠军。科比特声称他在与沙利文比赛之前对着镜子里的自己猛击了数万次左拳。他以“失败者”的身份进入拳击场，却击败了沙利文这位强劲的对手。科比特把他夺得拳击冠军的功劳归功于他的**想象练习**，而他缔造的佳绩被视为拳击史上辉煌的一笔。

拳王穆罕默德·阿里（Muhammad Ali）过去也是靠想象练习来赢得世界拳击冠军的，虽然早年大多数人并不了解这是怎么回事。在上锁的房间、在拳击场、在电视摄影机前，甚至在所有媒体的采访中，阿里都宣称他是世界上最伟大的拳击手！起初，他向大众吟诵有些孩子气的诗歌“我要像蝴蝶般飞翔/我要像蜜蜂般蜇人/我将打他五拳/他从来没有活过”时，会引来许多嘲笑。阿里登上冠军宝座后，人们才停止讥笑他。穆罕默德·阿里成了运动史上最伟大的重量级拳击手之一。

假如想象的力量足以摧毁癌细胞、击倒重量级拳击冠军，它必然

有许多优点。正如运动员在心里想象他们挥舞高尔夫球杆、扣篮得分、踢进球门得分等景象，你也可以想象自己成交时的样子。当你开车前去会见客户时，如果时间允许，你可以先在心里练习对客户进行产品介绍的过程，或者假如你是卖场的销售员，你可以利用走动的时间准备。想象客户感谢你提供的优良服务，想象他签下订单并递给你一张支票作为分期付款的首付款时的种种情况。

你所想象的一切最后都会成为事实。当你相信自己将会成交每一笔生意时，你将会发现自己成交的百分比戏剧化地增加了。

我曾经遇到许多对想象的功能抱持怀疑态度的人。“那是幻想，乔。我可以用这些时间做更有益的事。”他们说。

这些都是“笨蛋帮”的成员，他们会批评每位走进展示间买车的客户。他们甚至不想卖车给任何人。

卓越的自我印象

曾任第一夫人的埃莉诺·罗斯福（Eleanor Roosevelt）曾经说过：“未经你的同意，世上没有人能让你觉得自己低人一等。”我十分同意这句话，如果你认为自己很差劲，你就会发现别人也有相同的看法，尤其在销售这个行业里更是如此。

股票经纪人夏佛洛福几乎都是在电话里谈生意的，他相信销售员的自我印象对营销的绩效十分重要，这和许多人的想象完全相反，特别是在电话里做商品介绍时。他要求销售员接受完全相同的电话商品介绍训练，经过一段时间后，他发现认为自己有必胜把握的销售员的成绩的确优于认为自己很蹩脚的销售员。“每个个体对自我的知觉是非常重要的，”夏佛洛福解释道，“假如你认为自己是非常重要的人，别人也会觉得你是大人物。”[3]

他进一步指出，许多超级销售员说话带有腔调、发音不标准、声音粗哑等。即使如此，他们优越的自我印象却使他们在营销上一直领先于那些自我印象卑劣的人。“总体来说，你对自己重要性的认知会决定你的电话客户对你是否有好印象。”夏佛洛福指出。在外表上，你可以像大人物一样西装笔挺，留给客户良好的印象。但是在电话里，客户没有机会见到你，他必须根据你传递过来的微妙信息形成一幅心理图像。通常，你怎么看待自己，客户就怎么看待你。而有时候这个印象跟真实的外表一点也不像！例如，你通过电话认识你的客户后，有多少次你会再亲自拜访他们？如果你去拜访他们，你恐怕会大吃一惊。因为你的客户和你想象的完全不一样。他可能比你想象的老一点、高一点、胖一点。他的穿着打扮可能和你想象的迥然不同。遇到这种情况，你很容易会认为电话印象是错误的。但是或许我们眼睛所见的只是表皮，电话印象才是真实的——它能更准确地呈现出一个人真实的面貌。诚如我们所知，外表是会骗人的。

夏佛洛福的见解实在鞭辟入里。然而，我相信销售员的自我印象也可以从肢体语言和面部表情中被解读出来，这一点就不是电话会谈可以传达的。例如，一个自我印象卑微的人可能会慢吞吞地走进客户的办公室。你可以在剧作家阿瑟·米勒（Arthur Miller）的《推销员之死》中见到这类型的销售员——威利·洛曼。但是你也可以从《欢乐音乐妙无穷》里见到精神抖擞、昂首阔步的销售员——哈罗德·希尔教授。每个人的自我印象都会传达出积极或消极的信号。同样地，你对自己的感觉也会从你的谈话、站姿、走路的样子流露出来，甚至可以从你微笑或皱眉的小动作上看出来。相信我，即使你不认为你传达了任何信号给你的客户，事实上，你已经透露出来了，它写满了你整张脸。

当你生意清淡、心情沮丧的时候，建议你打几通电话和你的老客户聊聊天。这通电话具有双重功效。你可以传递一些有利于他们的新信息，或者只是询问他们对你提供的服务品质有何意见。然后，让他们说话，并且你要倾听。倾听他们对你的产品和服务的意见，可以增强你对自己销售产品的信心，同时产生积极的自我印象。这附带的好处是，他可能会再度订购你的产品，或者介绍其他客户给你。当你意志消沉时，再也没有比你的自我印象更能推动你的销售事业的了。

事前准备的重要性

“事前准备”不只是童子军的座右铭，它们也应该印在每位销售员的胸口上，让他们永生难忘。进入这一行，做好万全准备后再开始销售展示，对你的自信心将有莫大的帮助。如果你对你的商品、公司、竞争对手都了如指掌，这将会神奇地提升你的自我印象。因此，只要你把家庭作业做好，你就能准确地知道客户的问题所在，并且帮他们解决。知道自己能接住所有抛过来的球是一种很棒的感觉。事前做好准备，当你能百分之百地处理任何可能发生的状况时，你就能拥有这种舒坦的感觉。

例如，一位顶尖的房地产经纪人会把一天中大部分的时间花在家庭作业上。在做销售展示前，他会花好几个钟头通过电脑联网查询客户需要的房地产条件，以掌握所有的状况。在研究过后，他可以告诉他的客户各种客户想了解的信息，包括建筑商、建造时间，以及贷款方式、税金缴付须知等。

美国著名的房地产经纪人约翰·W. 加尔布雷思（John W. Galbreath）对于事前准备格外重视。他的儿子丹（Dan）虽然已经担任约翰·W. 加尔布雷思公司的总裁了，可是老约翰仍然喜欢叮咛他事前准备的重要性："丹进入我公司上班后，我一直灌输他事前准备的重要性。幸运的是，他把我的话都听进去了。丹和我与一家大型建筑公司的总裁交涉一笔价值 600 万美元的售后回租生意（房屋、土地转让后，由新业主长期租给原业主使用）。由于金额相当庞大，因此在租金利率和出租数量上必须精确无误才行。一个小数点的利率变动，都会造成长达 10～20 年的巨额损失。因此，在会谈之前，我建议丹先把租金设在 3.5%～5.5%。"

"你知道吗？当我们进入谈判的最后阶段时，建筑公司的总裁要求我们用不同的利率算出几笔不同的房屋租金。当然，这位总裁发现丹在参会之前就已经做完他的家庭作业了，因为这位总裁知道任何人计算利率的速度都快不过他的脑子。不过他显然被丹参加会议前的充分准备感动了。丹赢得了他的尊重，他对我们也充满信心，最后我们谈成了这笔生意。”[4]

因此，加尔布雷思坚决主张：“**你必须做好事前准备。这是非常基本的要求。你必须了解有关你这个行业的每件事情。**如果你走进客户的办公室，却无法回答他的问题，客户会觉得花时间与你谈话很不值得，你不但得不到尊重，而且会显得很冒昧。你应该向他致歉。”[5]

毫无准备地走进客户的办公室不仅没有礼貌，而且当你走进去的时候，你会感觉到心烦、焦躁还有罪恶感，甚至你会有失控的感觉，因为你先被自己击败了。

我深信无论做什么事情，你都必须对自己有信心才能成功。但是充分的事前准备比这点更重要。它是非常实用的。你必须具备丰富的产品知识和营销能力，为客户提供精确的资料才能让他们有明智的抉择。如果客户不知道他有什么特殊理由非买你的产品不可，他自然无法确认这项产品对他的价值。例如，他可能不明白你的产品为何优于XYZ公司，除非你能告诉他XYZ公司的产品特点，并强调两者之间的差异。因此，在每一次的销售展示之前，你不仅要非常熟悉自己的产品，而且要比较它和竞争对手的产品差异点。举例来说，一位客户可能告诉你：“XYZ公司的销售员留给我一份产品计划书，我想他们已经击败你们了。”

如果你事先知道XYZ公司产品的优缺点，你就能强调除了你以外别人无法提供的产品特点，而这项差异会帮你赢得这笔生意。可是，如果你不知道两者的差异，你就平白失去说服客户购买的机会了。

身为一名销售员，你应该和会计、法律、医学等行业的专业人员一样，拥有关于自己的产品的丰富知识。这些专业人员每周都花几个小时阅读书报杂志、定期参加讨论会，或者和同事交换心得，因此他们在快速的环境变化下依然能跟得上时代的脚步。然而，我不倡导加入词不达意的闲聊，我比较鼓励你和同行的营销高手交换意见，撷取他们的智慧与经验——没有理由勉强自己接受较差的，甚至每周不妨多花 1～2 个小时阅读。如果你要成为专业销售员，就必须每天做家庭作业。

成功的第一印象

不要从书的封面去评断一本书其实是一句废话，因为书的封面的确会影响人们阅读内容的意愿。若非如此，出版商何必每年投入数百万美元的经费印制彩色封面的书籍，而且杂货商品也不必用经过设计的瓶瓶罐罐来销售产品。事实上，有时包装费用比商品费用本身还要贵。而且，销售员都知道销售产品是靠他们整齐光鲜的外表，同样地，你的外表在推销你自己这方面也是一个重要因素。

我想起有些汽车销售员身着鲜艳的服装，还戴着珍奇珠宝，一副下班后要进跑马场的样子。总之，他们打扮得像个说话像连珠炮的老套销售员，让你有种靠不住的感觉。更糟糕的是，不论白天还是晚上，他们总是戴着一副太阳眼镜。虽然销售员的穿着打扮和他们是否诚实可靠没有绝对的关联，但是如果你把自己装扮得像个不可靠的销售员，你肯定会吃到某些客户的闭门羹。

至于如何装扮得宜，有个不错的经验法则是：**当情况未明时，穿着宜保守**。当然，如果你刚好在营销流行服饰，你可以穿上自己卖的衣服。不过我建议无论你个人多么喜欢穿新奇大胆的服装，都把它们留到不上班的时候穿。如果你因为穿着不够专业，错失许多生意机会，则得不偿失。

最近，有位光鲜迷人的女销售员来拜访我，向我销售某种可以避税的投资。她把自己装扮得像是要参加正式晚宴般美丽，由于她穿了一件低胸礼服，她露出来的胸部分散了我的注意力，让我觉得非常不自在。我绝不是假正经，可是她穿得如此暴露，让我很难专心去听她的销售介绍。这件事让我想起著名的服装设计师可可·香奈儿（Coco Chanel）说过的话："如果一名女子穿着不当，你会注意她的衣着；如果她的穿着没有瑕疵，你会注意她这个人。"然而，在这个例子里，我必须承认我的注意力大半在她的服装上。

因此，如果买方发现你的服装违反你所在行业的穿着礼节，他会认为："这个销售员连怎么穿着都没有概念，又怎么有能力做判断？我不需要他建议我该如何处理我这笔生意。"

成功的外表主要取决于你的穿着、你的说话方式，以及你的发型。你的形象甚至可以从你开的车子，包括车种、年份，以及保养的车况看出来。例如，某位房地产经纪人用他的车子作为机动性的办公室。他来回接送客户去看房屋条件，并在往返途中洽谈生意。如果他开的是一辆老旧的破车，则会传递出一个信息：这位经纪人买不起像样的车子。同样地，如果车内到处都是速食包装纸、工作报告和烟蒂，也可以看出此人毫无组织能力。这些都不是你希望客户接收到的信息吧！

基于相同的理由，办公室的外观也会给人不同的信号。举例来说，你想要购买房产保险，因此你拜访了两家保险公司：一家设在郊区的办公大楼中，办公室装潢得十分豪华，还布置了很多具有鼓励作用的装饰品；另外一家坐落在隔壁一栋阴沉的大楼里，看起来好像被龙卷风袭击过一般破烂不堪。你有可能选择哪家保险公司呢？请记住，两家保险公司的保单内容和保费都相同。你会发现，无论对错，客户的信心深受外观印象的影响。他们免不了会这样想："如果这家伙买不起像样的办公室（车子、衣服等），他必定混得不太好。"的确，绝大多数人是根据销售员成功或失败的外表来决定他是否有能力提供优良服务的。

让客户觉得他很重要

在玫琳凯（Mary Kay）化妆品公司创办人玫琳凯·艾施（Mary Kay Ash）的畅销书《玫琳凯谈人的管理》（*Mary Kay on People Management*）中，玫琳凯指出："每个人都是独特的，让别人有相同感觉也很重要。无论我遇见谁，我都会假想他在发送看不见的信号：我是重要人物！我也会立即回应这种信号，而且效果出奇的好。"[6]

玫琳凯无疑是美国历史上成功的女企业家之一。她懂得如何让别人觉得被尊重，进而推销她自己。

我认为，销售员应该让客户感觉自己对他们是真的关心。例如，曾经有位客户戴着一顶安全帽，满身尘土地走进我的办公室，我问他："嗯，您是做建筑生意的？"当时，没有人想和他谈话，而我主动招呼他。

"没错。"他答道。

"哪一类的？钢铁还是混凝土？"我试着引起他继续对话的兴趣。

后来我问这家伙他的职业，结果他告诉我："我在一家螺丝厂工作。"

"别开玩笑。那么您整天在做什么？"

"我做螺丝钉。"

"真的？我无法想象螺丝钉是怎么做的。你知道，我很想找一天到你工厂参观你做螺丝钉的过程，可以吗？"

瞧我在做什么，我的话让他觉得我很关心他。或许从来没有人对他的工作如此感兴趣。反而，曾经有个销售员开他玩笑："噢，你做螺丝钉是吗？小心被螺丝钉钉住了。"

在我情绪低潮的时候，我到他工厂看他。你猜不到他看见我有多高兴。他把我介绍给他的工作伙伴，得意扬扬地说："这就是我跟他买车的家伙。"我把名片递给在场的每个人，结果这一趟我成交了好几笔额外的生意。而且，像红利一样，我接触了许多有趣的事情，它们使我能和客户相处融洽——因为我懂得他们的语言。

从那时起，只要我的客户进入我的汽车经销店，我不管是否已经有 5 年没见过他了，我都会让他觉得好像昨天才见过面；事实上，我的确想念他。

“喂，您跑哪儿去了，比尔？”我露出灿烂的笑容问他。

“哎呀，我到现在才需要买车嘛！”他向我道歉。

“您难道要等到想买车，才进来跟我打声招呼吗？我还以为我们是朋友。”

“我们是朋友呀，乔。”

“比尔，您每天上班都会从我的汽车经销店前经过。从现在开始，我希望您路过时，停下来跟我打声招呼。现在，让我们进办公室去，我想知道您的近况。”

你有多少次从餐厅出来后会告诉同去的朋友：“提醒我下次别来这里了，好吗？”你知道著名的餐厅是靠什么建立口碑的吗？它们是靠口耳相传。顾客会转告其亲朋好友他们在该餐厅享受到的服务品质。在美国，顾客可以从许多出色餐厅的厨房提供的服务中感受到经营者对他们的欢迎和关心。因为经营者要求厨房工作人员用心烹调，确定让所有用餐的顾客都吃到真正美味的一餐。

我希望我的客户离去时，也有从著名餐厅出来时的感觉。你知道，那是一种满意、满足的感觉。

记得曾经有位来我经销店的中年妇女告诉我，她想打发时间，所以来看看车子。她说她想买的是福特的车子，可是福特的销售员有事，要她 1 小时后再回去看车。她告诉我她已经下定决心要买一辆跟她嫂嫂一样的白色福特双门轿车。她还说：“我买车是要庆祝我的生日。今天是我 55 岁生日。”

“生日快乐！”我向她道贺，并请她原谅我离去一会儿。当我返回时，我邀请她：“只要你有时间，让我带你去看一辆双门轿车——它也是白色的。”

大约 15 分钟后，公司一位女职员走过来，递给我一束玫瑰。“这不是送给我的，”我说，“今天不是我生日。”接着我把玫瑰花送给这位女士。“祝你拥有非常快乐的一天。”我说道。

她很感动，眼中噙满了泪水。她说：“我已经好久都没有收到别人送的玫瑰花了。”

我们闲聊时，她告诉我：“我想买那辆福特车，但是销售员的服务并不好。我想他可能看我开的是旧车，就断定我买不起新车。他带我去看几款车型时，另一位销售员叫嚷着要去吃点东西，问接待我的销售员需不需要带什么回来。我的销售员接着就回答：‘等等，我跟你一起去。’这就是我消磨时间的原因。”

我知道你已经猜到她没有买那辆福特车。她从我这里买了一辆雪佛兰，还开了一张全额支票给我。这个小故事给了你一些启示，不是吗？**如果你能让客户觉得他很重要，他甚至会重新选择。**

在你的地盘上营销

如果让你做选择，请记住在运动竞赛中主场队占了很多优势。销售也是一样，因此，如果可以选择的话，不要犹豫，邀请你的客户到你办公室去。当然，如果你的办公室看起来年久失修，让你觉得很难为情，那就另当别论了。

首先，你有权利管理你的办公室——没有你的允许，不准外人干扰。可是在客户的办公室里，你无法叫他们的秘书或其他员工不要出出进进，无论是经你客户授意还是他们自己进来的。你更不能命令接线员过滤所有电话，但是你在自己的地盘上可以这么做。

其次，诚如闻名遐迩的国际管理集团（International Management Group，IMG）创办人马克·麦科马克（Mark McCormack）所言："在你的地盘上开会，还有存在竞争关系的其他团体参加，无论如何开诚布公（潜意识地），这种紧张的气氛一样存在。你只能以礼相待，让来宾觉得舒服，将紧张的气氛驱散，甚至在会议开始之前，就赢得对方相当程度的信赖。"[7]

最后，你可以善用一些在别人办公室里见不到的好"道具"。例如，我相信办公室的墙壁是非常有用的记事空间。我喜欢把我办公室的墙当作随兴的广告看板。它们可以将我的光荣事迹广而告之，这是把信息传递给客户的绝妙方法。举例来说，我的墙面除了挂有许多因业绩优良得来的奖牌和奖状外，还有刊登在报纸杂志上的受访画面，以及和大人物的合照等，甚至还有和前总统杰拉尔德·福特（Gerald Ford）的合照。这些墙可以帮我营销自己。

请注意，我并没有用任何会产生反效果的东西来装饰我的墙壁。我没有贴上汽车的图片，因为除了我卖给客户的车种外，我不想让他们以为我在卖其他款的车型。我的桌上也不放置会使客户分心的东西。我的办公室也没有和政治、宗教相关的物品。不过，我们公司有个销售员就把他和教宗的照片挂在墙上。我跟他说了无数次："并非每个人都是天主教徒，这些照片没办法帮你争取到非天主教徒的客户。"你知道他听完我的话后跟我说什么吗？"那是他们的问题，假如他们反对天主教，就让他们到别处买车好了。"**我的办公桌上一直摆着一样东西，我也主张每个销售员都跟我一样——我把订单簿放在桌上。**我不认为记录客户来我办公室的主要动机是什么天大的秘密。我喜欢让所有的人都知道我在办公室里接到订单，而订单簿放在那里，可以随时提醒我成交了哪些客户。

房地产经纪人也应该这么做。在大部分的住宅区或社区里，都有标准格式的房地产买卖契约，这是经过当地房地产经纪人委员会核准的。经纪人和买主商谈时，应该将它放在醒目的地方。例如，某位客户可能会说："如果卖方可以接受40万美元，其中装修屋子的费用由我自行负担，我就决定买下了。"

"好吧，他本来要求45万美元的，但40万美元并不会造成他的损失，"经纪人把40万美元这个数字填在契约上时说道，"我会要求他签妥契约后，给你10天时间检查状况。"

这就像医护人员推病人进手术室开刀一样。所有的手术用具都整整齐齐地放在旁边。病人来此毫无秘密可言。同样地，当我使用订单簿时，这就表示已经到成交的时候了，这并不会令我的客户震惊。

办公桌上最让我不信任的东西是记事簿。我见过不少销售员用它们记下客户和车子的相关资料。写完之后，他们还得把记事簿上的资料重新填写在订单上，这十分麻烦，而且等你做完产品展示，到了该结束的时候，这会打断你——在那重要关头你总不希望客户说："嘿，你在干什么？我没说要填订单啊。"

我的方法和别人不一样，在我和客户谈话的时候，我会把对方的资料——他的地址、职业、要购买的车型，逐项填入订单中。等到谈话即将结束时，我手中已有一份填妥的表格，客户只需要签个名就好了。

培养幽默感

我很难想象没有幽默感的人是什么样子。如果你没有，也请假装一下，我认为把愉悦和欢乐气息带进你的销售展示中，是推销你自己最好的方式。保持你做生意的有趣特质，也是一种很好的风格。假如商谈中间少了这项要素，客户会提高对你的警戒心——曾经有个晚上，一个言语乏味的保险经纪人向我推销产权所有人保单，我听到一半竟然睡着了！不用说，睡着的客户是不会买任何东西的！

虽然我提醒你幽默的重要性，但我并不鼓动你拍着客户的后背，跟他说："嗨，老兄，你听说那家旅行社女销售员的事了吗？"如果你不会说笑话，就请合乎礼节并避免开玩笑。我不反对开玩笑，但要看时间和场合。

拿我来说，我发现在适当的时机加入幽默感是让客户放松的绝佳方法。幽默感会让他们觉得比较舒适，有时在紧张的时刻还可以化解僵滞的气氛。例如，当我要求客户在订单上签名时，他却坐在那里犹豫不决，此时我会说："怎么回事，你得了关节炎还是其他病？"这句话往往会惹得客户咯咯发笑。我甚至会把笔放在他手里，把订单放在他面前，告诉他："继续行动吧！请把名字签在这儿。"当然，我会咧开嘴大笑；但同时，我很认真，他也知道我是认真的。这种做法确实奏效，因为它可以让人们开怀大笑，并且在笑的同时就把合同给签了。

如果这位客户还是不能下定决心，我会问他："我要怎样才能做成您这笔生意？您要我跪下来求您吗？"然后我会真的跪下来，抬头仰望他说："好，我正在请求您答应我完成这笔生意。现在，您能拒绝一名跪着的成年人吗？好啦，签名吧！"如果这么做他还无动于衷，我会接着说："现在您要我怎么做？您希望我躺下来休息吗？好吧，我就躺下来休息。"

这一招通常都会让他们屈服，他们会告诉我："乔，请不要躺下来，你要我签在哪儿？"接着我们都笑了，他们也签了名。

有时，我会采取另一种策略："知道吗，弗兰克？我希望您买到瑕疵品。"接着，我会严肃地看他一眼，然后缄默不语。

"你这话是什么意思？"他问道，"你希望我买到瑕疵品？"

"我是说真的。我希望您买到瑕疵品，这样我才能在您面前炫耀一下。因为通过我提供的服务，可以把瑕疵品变成好东西，我也将因此获得长期为您服务的机会。"

当然，销售时我会插科打诨一番，因此我的客户在向我买车的过程中，都会有一段愉快时光。我听别人说过令他们恐惧万分的买车经历——但那绝不是我的客户。我告诉我的客户："去享受和乔·吉拉德做生意的经历!"这并不是随便说说的。

提醒你：假如你要推销产品给一位老年人，千万别用前面那则关节炎的笑话。如果你触怒他们，你将永远失去他们。切记谨慎行事。如果你营销的是矫正装置或义肢，千万别告诉你的客户你希望他们买到瑕疵品。另外，万一你营销的是人寿保险，请不要说些令人惊悚的黑色笑话。

在你开始展现可能会得罪人的幽默感之前，先细心评估你的产品和每位客户的特性。如果幽默用错地方，可能会得到反效果。举例来说，如果你和银行家做生意，很可能他们会认真讨论正事，因为在他们心中这笔交易是严肃的，也应该认真处理。万一这位银行家觉得你的态度轻慢，恐怕会不相信你能认真地处理这笔生意。因此，要发挥幽默感，但要睿智、谨慎且有品位地使用它。

表达感激的礼物

对于每位到我办公室来的客户，我照例都会送他们一枚上面有苹果图案的圆形徽章，并且告诉他们："我喜欢您。"我也会选一个心形气球给我的客户，对他们说："您将会喜欢和乔·吉拉德做生意。"

客户都喜欢别人对他们的孩子友好，所以必要时我会跪下来和他们说话："嗨，你叫什么名字?""嗨，我是约翰尼·吉（Johnny

Gee）。”“哎呀，您的孩子好可爱，像只漂亮活泼的小鸟。”然后，我会在他父母注视之下，和约翰尼一起爬到柜子那头。“约翰尼，我有东西要送给你。等一下我拿给你。”我把手伸进柜子里，抽出一把东西，然后挪到客户太太那里。“现在，约翰尼，你拿这根棒棒糖。妈咪，其他的交给你。爹地，这几个气球给你。约翰尼，爹地会帮你保管气球。现在我要和你爹地、妈咪说话，你要做个好宝宝哦！”这段时间里，我一直跪着。这些都是很容易做到的事，也是我的营销方法之一。此刻，谁会拒绝一个跪在地上跟他孩子在一起玩的人呢？

一位客户把手放进口袋掏他的香烟：“我以为我还有几根烟。”

“等等，”我告诉他，然后我从柜子里搬出十种不同牌子的香烟，“您抽哪种？”

“万宝路。”

“这是您要的。”我打开包装，把香烟递给他，顺便帮他点烟，然后我把印有我名字的火柴盒放进他的口袋。

“哎呀，谢谢你，乔。我要给你多少钱？”

“别傻了。”我回答。

我在做什么呢？我在表达对客户的感激！

和一些大手笔的生意人比起来，我的礼物实在微不足道。例如，我见过一些当权的销售主管花费数千美元买下职业橄榄球联赛的冠军赛或拳击冠军赛的门票！或许在对客户表达感激的礼物中，最为人津津乐道的是拉斯维加斯赌场旅馆提供的“贵宾招待券”（一种免费赠送的成套服务），这种招待券提供来回乘坐飞机头等舱、入住豪华套房、享用丰盛美食等服务。凡是客户想要的，服务人员都会为他们准备妥当。这些服务人员深谙营销技巧，而且精通心理学。他们让客户觉得自己像个大人物，应该扮演好“多金大亨”的角色。客户为了表明自己的重要性，在玩掷骰子时，一次都押好几百美元筹码，几个回合下来，赌场就把招待他们的钱都赢回来了。

一般来说，表达感激的礼物应该是花费不多的东西，否则被客户误会为可以享有回扣，岂不是自打嘴巴。你总不希望触怒你的客户，让他们觉得你在收买他们吧。有些公司特别注意这一点，甚至禁止他们的销售员请客户吃中饭，因此，你最好事先把家庭作业做好，并弄清楚送客户礼物的尺度。而且，有可能当你送贵重的礼物给客户时，他们会要求你少收一点钱来代替。

“诚”为上策

不用说，对客户应该诚恳。如果你不诚恳，你将会遇到许多困难。

我认为诚恳是销售过程中最容易的一部分。它只不过是关心你的客户和信赖你的产品这么简单而已。如果你不以为然，我建议你换个工作，或者去找个你信任的产品来销售。

诚恳必然会诚实。别想说谎欺骗客户——一旦你说谎，你所有的信用就泡汤了。对我来说，这意味着游戏结束，什么都甭谈。希腊寓言作家伊索（Aesop）曾经说过：“没有人相信骗子，即使他说的是真话。”

此外，不要承诺你做不到的事。假如你的电脑系统要三个月才能装好，不要为了成交告诉客户四个星期就够了。**无法履行诺言，最后吃亏的还是你自己。**保持良好的信誉，否则，你的客户不会再次购买，也不会帮你介绍其他客户。

过去我时常告诉客户车子现在没有库存，加上运输需要较长时间——事实上不用那么久。我这么做是因为我知道大部分的人都像孩子，我试着去告诉某个孩子圣诞节要迟好几天才会到！当然，当车子早到了几天，我就成了他眼中的大英雄了，更重要的是，让客户知道乔这个人守信用——他说到做到！

这样看来，诚恳比诚实还重要。因为诚实的销售员也会说些不诚恳的恭维话。奉承客户固然会令对方高兴，可是过度的谄媚却容易招致反效果，因为客户会看穿你的意图。一旦他们看穿你，就不会相信你在销售展示中所说的一切；毕竟你已经建立骗子形象了。不要以为客户会相信你逢迎拍马的假话。客户往往比拍他们马屁的销售员还聪明，他们不会被你做作或假意的恭维所迷惑。记住，刚开始商谈时客户都会存有疑心，所以你不该给他们理由强化他们的怀疑。别忘了你唯一的任务是营销你的产品。此外，客户的时间都是非常宝贵的，他对那些假意的恭维没有兴趣，他要的是坐下来谈谈生意，而且他要看你能帮他什么忙。

虽然我已经强调过事前准备的重要性，然而有时候即使是最专业的销售员，也会碰上无法回答的问题。如果你无法解答客户的问题，你可以告诉他："我很抱歉，我无法答复你的问题。等我回到公司，马上帮你查资料，查到之后我立刻打电话给你。"请记住，如果你常听见自己这么说，就表示你没有做好事前准备。但有时这样的表白说明了你的诚意，它绝对比给客户错误信息从而欺骗他们要好得多。欺骗的伎俩会回过头来困扰你自己。

当然，假如你能马上找出答案，就去找。比如说，如果客户要求我说明汽车的传动装置，我会说："让我们去向专家请教。"然后带他去找我们的汽车技工，直接听权威人士告诉我们正确的知识。

有两个小方法可以让客户看见你的诚意：首先，绝对不要戴太阳眼镜。坦白地说，如果你销售的是沙漠中央的土地，我不在乎你是否戴太阳眼镜——可是当你必须和客户有眼神上的接触时，戴太阳眼镜是办不到的。其次，和客户说话时，你必须一直注视他们的眼睛；倾听他们说话时，你也应该注视他们的嘴唇。如果销售员的眼睛不正视客户，客户会将这些信息解读为不诚实。我认识很多诚实的朋友因害羞而不敢正视我，但客户不会相信销售员不正视他们是因为害羞，因此我极力主张销售员要正视客户，无论那是多么艰难的事。

我也认为在做销售展示时，销售员应该全神贯注地注视客户。我不认为还有什么比我讲话时身旁的人左顾右盼更侮辱我的。你是否有和某人一起在餐厅吃饭，你讲话时他却东瞧西看的体验呢？我曾经见过有些销售员和客户谈话时，不时瞄向漂亮的女侍者、美丽的秘书，甚至客户迷人的太太和女儿。这种举止不仅失礼，而且传送了一个信息给你的客户：看女人要比和他讲话有趣得多！

如果你和客户谈话时不能全神贯注，他就会想："这家伙以为他是谁？除非他特别注意我，否则不管他卖什么——即使他送给我，我都不要。"记住，你和客户的沟通不仅通过口头语言，而且通过你的眼神、面部表情等身体语言等。你必须全心全意地和他沟通，如果你不够诚意，他会通过你非口头语言的信息察觉到。这是装不出来的。除非你这么做对他有利，否则你不会成为他信赖的人。

诚恳之余，不贪心也很重要。不要企图牟取暴利，否则你的客户下次不会再和你做生意。过去我卖车的时候，我会注意不要在一笔交易中赚取过多的钱，以免日后客户发现了，会考虑把更多的钱拿去购买别人的产品。这伤害了我的信誉，以后我也做不成他的生意了。我不是只想卖他一辆车而已，我要的是长期、重复的生意。双赢的交易才是令人满意的生意。

如果客户觉得被欺骗了，你的信誉也会受到影响。他们会一传十，十传百，让你名声扫地。损失一笔交易并不表示只失去一个客户。相信我，传言会到处流动。你在一笔生意中赚再多的钱，也无法弥补你把客户拱手让人所损失的钱。如果你做成一笔双方互赚其利的生意，后续效益将像滚雪球般快速增长，你的收入和名声也会快速累积。

［注释］

［1］Robert L. Shook，*Ten Greatest Salespersons*（New York：Harper & Row，Publishers，1978），140.

[2] Ross Perot, "How I Would Turn Around GM," *Fortune* (February 15, 1988), 49.

[3] Martin Shafiroff and Robert L. Shook, *Successful Telephone Selling in the '80s* (New York: Harper & Row, Publishers, 1982), 114-115.

[4] Robert L. Shook, *The Entrepreneurs* (New York: Harper & Row, Publishers, 1980), 16.

[5] Ibid., 15.

[6] Mary Kay Ash, *Mary Kay on People Management* (New York: Warner Books, Inc., 1984), 15.

[7] Mark H. McCormack, *What They Don't Teach You at Harvard Business School* (New York: Bantam Books, 1984), 35-36.

第 3 章 假定成交

假定成交是非常基本的销售原理，我想你应该听过这个观念。但或许你知道的不足以厘清整个概念。因此，无论现在你认为自己知道多少，我都希望你能把这章完整地读完。

不管你到哪儿，都会暴露在假定成交的销售员面前。当加油站的工作人员问你："加满吗?"他不仅假设你决定购买汽油，而且假设你要把油箱加满。例如，多年前，海湾（Gulf）石油公司训练加油站的工作人员用很有把握的口吻问："先生，要加满吗?"这个问题有两个假设：第一，你要加满油箱；第二，你要买海湾石油公司最贵的特级汽油！

看见一辆汽车在加油站的油泵前停下来，傻子也知道车里的驾驶员要买汽油；而看见顾客步入速食店时，不用说你一定猜到他们饿了。

无论你销售什么，你应该知道走进你店里的都是对你的产品感兴趣的潜在客户，否则，他们不会走进来。同样的道理，如果销售员到客户家中或办公室做销售展示，你也能从客户倾听的样子做出相同的假设：他们有意购买。因为对客户来说，如果他们不感兴趣，倾听销售员的产品介绍就没有太大的意义。相信我，客户倾听你说话绝不会只是基于礼貌。如果他们不想听你的销售展示，他们会叫你开车上路的！

别人经常问我："乔，你都在什么时候假定会成交呢？"

我的回答是："当我站在一个即将听我做销售展示的人前，我就假定自己会做成这笔生意。"

"这么说，乔，当时你就假定每位客户都会买……"

"您说对了！"我告诉他们。

我甚至假设最初给我钉子碰的客户，将来会变成我的重要客户。我认为，这些客户知道自己并没有拒绝购买的意思，一旦你帮他们做完销售展示后，他们很有可能购买。因此，他们强烈提出反对意见，以免销售员看出他们的心事。基于这个理由，我知道做完销售展示后，他们便无法拒绝我，我也会轻易完成一笔生意。

有一位顶尖的人寿保险经纪人告诉我，即使客户爽约，他也会假定可以成交。"第二天晚上，我会打电话给他，"这位经纪人说，"我为昨晚'赶不及赴约'向他道歉。事实上，昨天晚上我准时前往了，但没有半个人出来应门，所以他不知道我去了。要是那时他躲起来不应门，他必定是一个不敢说实话的混蛋。我想，如果没有胆量承认他爽约了，他就没有理由拒绝购买，我也有把握能盯牢他。"

假定、假定、再假定

不论多么啰唆厌烦，在整场销售展示中，我会不断地假定已成交。你也可以这么做。但你应该先把销售展示做好。从开始接触客户到成交，你都要这样假定。依照我的看法，假定自己会成交的次数越多越好。

你不能像初入行的销售新手一样，到了要签约的时候才假定这笔交易会成功。你做每件事时，都要假定你的客户将要购买你的产品。在整个商谈过程中，你一遍遍地假定你会成交，客户也会开始假定他将要购买你的产品。

有人将这种心理暗示法称为“洗脑”，他们说的一点也不错。老实说，如果这种轻微的“洗脑”能说服人们去买对他们有益的东西，我不认为使用它有什么不对。它类似潜意识形态的广告。就像电视或电影广告传播一个信息给你，而你在潜意识里留下印象一样。这则信息被放在一个心理机制的框架上，速度快到你无法用肉眼看见。但你的潜意识会把它挑选出来，而它会反映你的想法！让我们回头检视这一幕：把潜意识手法的广告实验放进电影院。观众会接收一个微弱的信息：“你很渴，你很渴。”几分钟内，观众会排成长龙站在柜台前买饮料。同理，当你不断假定那笔生意会成交时，你所做的事就会以成交为目的。于是，**你把一个信号传播到客户的潜意识里，驱使他们购买你的产品，客户的潜意识会挑选出“购买，去买”的信息。**

我确信如果你像我一样，当你走进店里随意买点东西时，都能发现许多商机。我常有 1 小时左右的飞机转机时间，这时我常会走进机场的男士服饰店，去看看最近的潮流。我不能告诉你我有多少次买了衣服，我只知道走出店门口，我会摇动脑袋，自言自语地说："到底怎么回事，我又买了一堆废物？我的衣柜大到可以装下一个小型军队。"后来，飞机飞到 15 000 英尺的高空，我坐着休息，脸上露出会心的微笑。当我大声说："真是混蛋！为什么他一开始就假定我会买东西，而我真的就买了！"在我身旁的那个家伙认为我发疯了，可是我低声轻笑，因为我也是使用相同的方法卖了好几千辆车子。

假定成交用语

在假定成交时，销售员可以运用一些话术。以下这几则话语，各行各业的销售员都可以交替使用。

"我会直接把发票寄给您。"

"请把名字签在这里。"

"您同意后，请在这里签字，写用力一点，因为里面有三份复写件。"

"下星期您会收到您订的货。"

"您可以用季缴的方式付款。"

"我会把您写在每月付款的计划里。"

“我想您会在价格调涨之前，今天就做一个精明的购买决定。”

“我要恭喜您做了明智的决定。”

“我会把它当成礼物包起来给您。”

上面的话语要在客户同意买你的产品之前使用。它们十分好用，你只要假定客户将要买你的产品即可。你不必去问客户“您的发票要送到哪里?”或“您今天可以预付一些订金吗?”这类问题。

建议你把每 20 个话术记在一张纸上，再用你心中特定的产品去假定会做成这笔交易。例如，一位保险经纪人可能会说：“我将把您写在汽车保险金贷款单上面。”一个电视销售员可能会说：“您将获得 14 个免费频道而不用使用有线付费。”一位销售宠物食品的销售员说：“您不妨边考虑边看，我们的产品很容易脱手。”这类的陈述应该被收藏在你的锦囊内，以便随时取用。

这类话术有时被称为“尝试成交”。老实说，我不喜欢这个名称，因为它暗示你只是去试探客户是否准备购买你的产品。我认为你不应该只试探——当你确知他已经准备购买你的产品时，你应该企图完成这笔交易——每个企图都是真的，不是试验。如果你假定客户已经准备要买了，却没有做成这笔生意，你只能重新整合说法，提供更充足的理由让客户知道他应该当场决定购买。

例如，刚开始当我要求客户把名字签在订单上，而他没有付诸行动时，我并没有太在意。我反而会为他解释其他问题，诸如：为什么在这特定时刻，会有这么多车子？我设法让他同意我的看法，然后我再次请他把名字签在订单上。如果他还是不签，我会一次又一次地企图完成这笔交易。但是每次我都适可而止，我会这样假设："星期三以前，我会把车子准备好。您下午 4 点来提车好吗?""您要涂一层防护漆吗?"客户一有肯定的回复，我马上把订单递给他，并且告诉他签字的地方。有时候，我会缄默地指着虚线的地方。在一言不发的情况下，他签下这张订单。

当然，如果客户有异议，我会针对他不愿购买的理由直接处理。当我觉得他对我的答复很满意后，我会再度假定成交，同时设法完成它。

事先知道客户的回答

在每位法律系学生上第一堂课时，教授都会告诉大家："当你盘问证人席的嫌犯时，不要问事先不知道答案的问题。"相同的训诫也可以用在销售上。

辩护律师如果不事先知道答案就盘问证人，会为他自己惹来很多麻烦，同样的情形也会发生在你身上。绝对不要问有"是""否"两个答案的问题，除非你十分肯定答案是"是"。例如，我不会问客户："您想买双门轿车吗?"我会说："您想要双门还是四门轿车?"如果你用后面这种二选一的问题，你的客户就无法拒绝你。相反地，如果你用前面的问法，客户很可能会对你说："不。"

下面有几个二选一的问题：

“您比较喜欢 3 月 1 日还是 3 月 8 日交货？”

“发票要寄给您还是您的秘书？”

“您要用信用卡还是现金付账？”

“您要红色还是蓝色的汽车？”

“您要用货运还是空运？”

你可以看见，在上述问题中，无论客户选择哪个答案，销售员都可以顺利做成一笔生意。你可以站在客户的立场来想这些问题。如果你告诉销售员你想要蓝色的车子，你就得开票付款。你说出希望 3 月 8 日把货运送到你家之后，就很难开口说：“噢，我没说今天就要买。我得考虑一下。”因为一旦你回答了上面的问题，就表示你真的要买。

就像辩护律师问：“你已经停止打老婆了吗？”这个问题带有明显的假设（请注意，问题不是“你有没有打老婆？”）。嫌犯如果回答了上面的问题，就等于自动认罪。

养成经常这样说的好习惯：“难道您不同意……”例如，“难道您不同意这是一辆漂亮的车子，先生？”“难道这不是您梦想的厨房吗？”“难道您不同意这块地可以看到壮观的海景吗，先生？”“难道您不同意您试穿的这件貂皮大衣非常暖和吗，女士？”“难道您不同意这价钱表示它有特殊的价值吗，先生？”此外，当客户赞同你的意见时，也会衍生出肯定的回应。

我认为当销售给 2 个或更多人时，如果能问一些需要客户同意的问题，将会特别有效。举例来说，当某家的先生、太太和 6 个小孩共乘一辆车子上街买东西时，我会问这位太太："遥控锁是不是最适合您家?"她通常会同意我的看法。接着我会继续说："我打赌您也喜欢四门车。"因为他们是一个大家庭，我知道他们只能考虑四门车。她会说："哦，是的，我只会买四门车。"在一连串评论车子的性能的谈话之后，这位先生猜想他太太有意买车，因为她对我的看法一直表示赞同。正因如此，到了要成交的时候，我已经排除先生得征求太太意见这项因素。然后，我会说服他答应，很快地他们彼此都认为对方想买这辆车，没有必要召开家庭会议讨论，我也得到了这张订单。

当你销售给 2 个以上的客户或一群生意人时，这一招特别管用。先说服有支配权的那个人是非常有效的方法——如此一来，其他人也会跟着点头同意。自然地，我要建议你在决定谁是这群人的老大之前，先掂掂每个人的斤两。通常，他是你唯一需要说服的人。

让客户亲身参与体验

在汽车销售这个行业，我会让客户把车开走试乘一下（我也会和他们一道去，以便回答他们的问题）。让客户自己驾驶，他们会以为自己已经拥有这辆车。而这正是我希望的。我希望他们习惯拥有我的产品。如果他们以为自己已经拥有了这辆车，我就做成了这笔生意。

例如，优秀的珠宝销售员会匆匆把钻戒滑进客户的手指，然后观看她的反应。如果她喜欢这枚戒指，销售员会假定已经成交，于是他告诉客户："这枚戒指太大了，我会找一枚更适合您的。您姓名的第一个字母是什么，夫人？我会叫珠宝师傅刻在镶边的内侧。”

同样地，好的服饰销售员发现客户称赞架子上的某套衣服时，会上前跟客户说：“我们的更衣间在那边，您去试试看嘛。”等客户换完衣服后，销售员就带他到穿衣镜前照镜子并说：“这个颜色非常适合您。”

等客户花了几秒钟赞美镜中的自己后，销售员会说：“我们请裁缝师来看一看。”他向裁缝师点头示意后，裁缝师就拿着他的尺来帮客户量三围。

“肩部很合身，但后面要稍微放大一点。”他在夹克上做了粉笔记号，标示出要修改的地方。

“袖子长了点，”裁缝师自言自语地说，“您喜欢把袖口反折出来吗？”他问道。

客户点头表示同意。

“好，我得把这里裁掉。”裁缝师在袖口部分画了粉笔记号。

“裤子也需要改短一些。”裁缝师边说边画上更多粉笔记号。

请注意，销售员不问客户是否有兴趣买这套衣服，就假定客户要买了；当客户默许让裁缝师在衣服上面做修改记号时，销售员就假定这笔买卖成交。因为在销售员和裁缝师为他这套衣服大费周章之后，他总不好意思说：“哦，我没说要买这套衣服。我只是逛逛而已！”

记得有一次，我想恢复中断的滑雪活动，于是我到雪具专卖店看一看。在我了解怎么回事之前，店员已经帮我穿上短筒靴。接着，我被带到另一个部门去找适合的滑雪板。他们又估量了一次，好让我的靴子和刚买的滑雪板能密切接合。“现在，你还需要滑雪服、滑雪镜、滑雪杖，以及……”看起来好像他们假定我要去参加冬季奥运会的滑雪比赛一样。这些家伙真有一套。

据我所知，让客户亲身参与的最好的例子是克利夫兰的“椰菜娃娃”（Cabbage Patch Kids）。创始人泽维尔·罗伯茨（Xavier Roberts）在他的产品还没有大量上市之前，以每人 200 美元的价格让客户收养他的娃娃。没错，客户收养的是一个“婴儿娃娃”！他们每个月还得花 250 美元租玻璃温室，后来园方将其改建成类似为孕妇准备的小型病房；罗伯茨的每位员工都身穿白色制服，扮成医生和护士的模样。**总之，他营造了一种气氛，让客户觉得自己好像不是在买洋娃娃，而是在收养一个活生生的孩子！**

如果客户用“洋娃娃”这个字眼，园方的人会立刻纠正：“他们不喜欢别人叫他们洋娃娃。”[1] 而且，没有人可以买走他们，他们“全都是供收养的”，甚至连出生证明都准备好了。顺理成章地，娃娃本身没有售价，只有收养费。

在收养室里，你可以看见一群人举起他们的右手宣誓收养。工作人员宣称：新任“养父母”眼中很少会噙着泪水，反倒是大多“父亲”会得意地叼着根雪茄，露出牙齿笑着说：“这是男孩，那是女孩。”[2]

“许多人满腹疑惑地来到这里，但几分钟后，他们便积极投入这里的活动，”一位有执照的护士说，“有时，是婴儿的长相吸引他们。有些客户想要有红色卷发而且脸上长有雀斑的娃娃，因为‘他看起来像我先生’。至于她的先生嘛，刚开始似乎漠不关心，后来他也产生兴趣，跟着寻找像他太太一样有蓝眼睛和酒窝的女娃娃。他们找到后，俨然一对骄傲的父母，收养了两个孩子。”

“我从一些抱着新收养孩子的父母身上得到了快乐，”其中一位年轻的实习医生表示，“他们把婴儿抱在臂弯的那一瞬间，宛如这是他们头一胎的孩子。你可以看到他们眼中充满了爱，即使有些先生原本是最不以为然的怀疑论者。”[3]

由于营造出梦想之岛的气氛，并且让客户煞有介事地游戏其间，“椰菜娃娃”在客户亲身参与方面的确做得很成功——一旦他们参与，这些娃娃就像刚出炉的蛋糕被销售出去了。无疑，这样的产品是美国有史以来十分热门的风尚。

有人认为虽然让客户亲身参与是很容易的事，但对于销售无形产品的行业来说，就很难做到这点了。例如，曾经有位房地产经纪人告诉我：“当你销售的是一大块没有人住的土地时，要让客户亲身参与实在有困难。”我不同意他的说法。事实上，当你请客户凭空想象时，即使没有东西可以让他实际参与，该方法也能奏效。

举例来说，在销售住宅用地时，一位顶尖的房地产经纪人告诉客户：“您家的房间在我们现在站的位置。现在我们看到的美丽景观，将来您坐在沙发上就可以看见了。游泳池会盖在这块地的南边，这样您就可以晒到最充足的阳光了。”

一位人寿保险经纪人绘制了一幅栩栩如生的画，里头是客户过着舒适生活的景象，表示客户有先见之明，知道购买年金保险来规划未来。这位经纪人用幸福生活的远景吸引客户向他购买年金保险。他要客户想象自己跟太太吻别后，从佛罗里达州的社区住宅中走出来，正要驱车前往高尔夫球场和伙伴碰面的情景。或者这位经纪人也可以刻画一个生活穷苦的垂头丧气者来代表没有规划的消极未来。总之，让客户亲身参与。“由于食物的高价，”他指出，“在美国有无数年迈的银发老人每天靠着垃圾食物苟活。因此到了您退休的时候，社会保障恐怕已经垮了。”

在上面的例子中，客户通过自己的想象来感受购买该项产品的价值。把客户内心的图像画出来，让他想象实际参与其中的感受，就如同让客户驾驶车子一样。

默许表示同意

我认为真正精通假定成交策略的，是那些让你先试用它们的产品，使你无法拒绝购买的公司。例如，当你租车时，汽车公司会告诉你如果你不需要保险，只要把姓名第一个字母填在申请书上。它们要让你认为：“我并没有签字。万一签字之后发生意外，实在是我走了好运！”此外，如果你曾经是每月一次的读书会、唱片俱乐部，甚至你最喜欢的蔬果俱乐部的会员，那么它们会要求你在某个月份不购买时必须知会它们。

或者，你认为杂志发行商要求你去函通知它们停止订阅的做法动机何在？它们让你无法停止交易，因为有选择机会时，大多数人都会采取容易的方式。如果客户没有回音，就会被视为同意这笔交易。有些保险公司会寄一份续约赠品给客户，如果客户没有退回，它们便假定成交。你有没有注意到这些保险公司不会问你明年是否续保？一旦你上了它们的名册，它们就会假定你是它们的终身客户，它们会不断寄赠品给你，直到你翘辫子那天为止！虽然保险公司使用这种手法营销它们的产品，可是客户看不出来它们葫芦里卖的是什么药。

有些公司会提供它们的产品让你免费试用 10 天，这便是使用相同的战术。它们把销售的产品寄给你，其实是料准了你懒得把它邮寄回去（当然邮资要由你来付）。有些公司还故意把产品装在纸盒里，让你在拆开的过程中很容易把纸盒撕成碎片。结果，你找不到合适的盒子换掉，只好把东西留下来——由于你弃权了，你成为崭新产品得意的拥有者！恭喜你！

使用适当的字眼

有些字眼是假定成功的，有些则不是。**一开始，尽量习惯说“当……”，不要说“如果……”。**例如，“当您拥有这辆车时，我可以保证您会爱上它”，而非“如果您拥有这辆车……”。你能明白为什么前者假定成交，后者不是吗？**因为“如果”这个字眼会唤起客户心中的疑问：“好吧，也许我会拥有它，也许不会。”**

我还建议你使用第一人称复数代词“我们”。例如，“我们应该以这个价钱买 14 箩”“让我们以 20 美元的价钱买 5 000 股”。用这种说话的方式，客户不会觉得只有他自己面临重大抉择。由于你们一起做决定，你等于帮客户减轻了做决定的负担。从心理学的角度来看，一般人喜欢做决定时有人可以商量，这样他们会觉得舒服些，因为如果这是个错误的决定，他们也不必独自承担责任。

假定再度成交

和满意的客户做生意是件愉快的事，因为做下一笔生意就容易得多了。但不要认为所有事情都是理所当然的。你也必须知道如何结束这些拜访。

当你的客户已经从你的产品和服务中得到好处，由于他们了解你产品的价值，你会假定他们将会和你做第二笔生意。这是合乎逻辑且聪明的假定。

再度拜访老客户时，我建议你勇往直前。例如，一家男士衬衫制作公司的销售员到男士服饰店盘存，他告诉店主："你需要一打以上大号的白衬衫；半打中号白衬衫；4 件小号白衬衫。然后，蓝衬衫……"请注意，他并没有问："您需要再订购一些衬衫来补足您的存货吗?"

同样的道理，股票经纪人会说："我们已经赚了丰厚的利润，现在我们以每股 40 美元的价钱卖出 XYZ 公司 2 000 股的股票，再以每股 10 美元的价钱购买 ABC 公司 8 000 股的股票。"此处，股票经纪人会假定已经成交。他不问"您想要卖出 XYZ 公司的股票吗?""您想买 8 000 股 ABC 公司的股票吗?"

虽然我希望你假定每笔生意都会成交，但我绝不赞成你认为老客户都在你的名册里，所以再度成交是理所当然的。他们并不属于你，而且还有其他人可以提供相同的东西给他们。一旦你有满意的老客户，继续提供完善的售后服务给他们吧。尽最大努力让你的客户再回来吧！

［注释］

[1] Robert L. Shook，*Why Didn't I Think of That!*（New York：New American Library，Inc.，1982），127.

[2] Ibid.，140.

[3] Ibid.，140-141.

第4章 解读购买信息

我得先告诉你们，我对如何解读购买信息的看法也许跟你们预期的不一样。很多人可能认为我有一袋子的法宝可以保证高销售额——但我并没有，甚至我认为每当你们试图扮演业余心理医生时，只会使自己的处境更危险。

我并不是说没有购买信息这种东西。当然是有的。举例来说，当你在卖食物时，有个客户在你面前淌口水，谁能否认他不是在传达一种信息给你——他对你的产品感兴趣呢？然而尽管有明显的征兆，购买信息仍是微妙难解的。

有很多关于购买信息的征兆是很容易被误解的。如果你坚持要当心理医生去揣摩人心，得到正确信息的机会可以说是微乎其微，最后你就会发现自己处于劣势。毕竟，我们并不是在处理精确的科学。

很多销售员受到错误观念的误导，相信能解读购买信息是天生的才能，不是教出来的。他们主张那是与生俱来的天分，后天无法养成。老实说，更让我震惊的是，有些人甚至认为看透别人的能力与基因有关。确实某些人因天赋异禀而会画画、作曲或是打球，却没有人是生来就会解读购买信息的，就像没人天生就注定会当牙医、律师或政客一样，**解读购买信息是学习而来的技巧**，就这么简单！

小心解读外在迹象

有个故事是这样的：一辆火车从巴黎开到马德里，其中一个包厢里坐了四个人：一个年轻、美丽的姑娘与一道出门旅行的祖母；一位威严的老将军和一个年轻英俊的少尉。当火车进入横跨法国、西班牙边境的比利牛斯山隧道时，这四个人都静静地坐着。

山洞里一片漆黑，突然传来一个响亮的接吻声，接着是一个更响亮的巴掌声。当火车慢慢驶出山洞时，这四个人仍静静地坐着，不知道究竟发生了什么事。

这个年轻女孩心想："好家伙！我真喜欢这位英俊少尉给我的吻，可是祖母打了他一巴掌，我想，穿越下个隧道时，他一定不敢再不规矩了。天啊，祖母为什么要打他呢？"

祖母则想："真奇怪啊！这年轻人。他吻了我孙女，幸好我把她教得好，她也回敬了他一记狠狠的耳光。我真为她感到骄傲，我想，穿越下个隧道时，他会安分守己了吧。"

将军心想："我真受不了。我的随从上过最好的军事学校，而且是我精心挑选的。有了这些训练，他也应该知道有比亲这个女孩更好的方法。可是在黑暗中，这个女孩显然以为是我亲了她，让我挨了打。回基地后，我一定得跟他谈一谈。”

这名年轻上尉心里想的则是：“真棒！你有多少机会能同时亲吻一个漂亮女孩并打你的上司呢？”

正如上面这个故事所述，人们常对同一事实有不同的结论。例如，有一次一个初入行的销售员请我去看他的销售展示，希望我看完后提供一些意见给他。由于当时他实在是意气消沉，所以我答应帮他，但条件是在销售展示中，我只做个安静的旁观者。而在这个销售员开始提到车子的价钱时，他的客户拿出计算器并在便条纸上记下一些数字。看到这一幕，这个销售员开始显得紧张和迟疑。客户离开展示间后，他问我：“你看到了吗？”

“看到什么？”我说。

“他用计算器呀。那家伙根本没有诚意买车。他只是逛逛，我敢打赌在他下定决心之前，他一定想到城里所有的经销店四处比价。我从来没有遇过这种到处打探行情的客户。”

我说：“难怪。”

我向他解释，客户拿着计算器可以有很多不同的解释。老实说，我认为这位客户显然对他的产品有兴趣，不然也不会花费力气去记那些数字。我的结论是，那是一个正面的信息，而非负面的。因此，建议你们要小心解读外表迹象。误解了购买或非购买信息，是有很大风险的。

坊间有很多探讨肢体语言和相关话题的书，毫无疑问，有些人的确知道如何解释某些信息。他们看到有人交叉着手臂、交叠双腿，或是把玩着胡须，就知道那些动作在暗示什么。可是我没有那么聪明，我觉得大部分的肢体动作和脸部表情都和购买信息无关。事实上，当你开始从那些信息里分析它们所代表的意义时，你往往会得到一堆错误的结论。那些客户就像一般人一样，抓抓鼻子只是因为鼻子痒，交叉腿只是为了要更舒服一点。

许多研究人类行为语言的专家都宣称，当别人想要说话来愚弄你时，你可以从他们的肢体动作和脸部表情中看出端倪。的确，他们会有一些信息表露在外，但我并不认为一个未受训练的人能清楚地知道它所隐含的意义。

例如，我常听到演讲者叫他们的听众去观察某些征兆，如：口干、额头间的汗珠、冒汗的手、紧张地拖着脚步、眨眼、口吃或含糊的字眼、噘嘴、不同的语调、提高或降低声音、轻敲手指、扬起眉毛、拉耳朵、双手撑着头、用食指按摩太阳穴、移动眼镜、咬铅笔、踱步、把零钱放在口袋里弄得哗哗作响、咬指甲、缩小或扩张的瞳孔，或是一个突然、紧张的咳嗽。你得到要领了。我并没有聪明到能告诉你这些是有效的信息，让你能完成一笔交易。另外，由于有些举动是随着周遭环境的变化而产生的，所以当你在做销售展示时，它们可能只是巧合产生的。

我并不是建议你应该忽略全部的肢体语言。有时候，信息会明显到你无法忽略的地步。例如，当客户开始注意房间四周而不专心听你说话时，表示他已经对你没兴趣了。然后当这位客户开始频频打哈欠时，表示你已使他厌烦了。即使没读过心理学的人也知道，除非你把他拉回正题，否则你这笔生意恐怕要泡汤了。

如同我在第 2 章提到的，正视客户的眼神是很重要的，因为人们把它视为诚实的表现。一个不敢与客户眼神相对的销售员，会被客户认为是不老实和不诚实的——请注意，我并没有说我这样觉得——但因为大多数人如此认为，所以我强烈主张每个销售员都应如此。然而，有些诚实的人不敢正视他人是有原因的：有些是因为太害羞，不敢直视别人；而在某些外国文化中，直视长辈是不尊敬他的表现。因此如果有个客户不敢正视你，不要联想到是你的销售展示做得很差劲。再次提醒你，不要从外在迹象去妄下结论。

避免刻板印象

就如有人会误解购买信息，也有些人会误把人归类为某种类型。有太多的误解源自种族的刻板印象，而且是极具侮辱性的。在我的观念里人就是人，不要对不同的种族存有刻板印象。如果你这样做，只会为自己招惹麻烦。其实，只要这个客户有需要，而且有钱买你的产品，那么他的祖先、肤色和宗教信仰就无关紧要了。如果你坚持你的不当成见，你将失去很多生意机会。

对刻板印象的滥用并不止于此。有些销售员还将客户依职业来分类。以下是我听过的例子。

- 会计师　多疑且保守；只对产品的金融方面感兴趣。

- **牙医** 他们是思想家，并不是冲动的买主；需要以事实来说服他们购买你的产品。
- **工程师** 系统、逻辑地做决定；对数字有兴趣；很难引起他们的购买动机。
- **农夫** 保守的个体；销售员必须赋予他们独立的精神。
- **企业家** 开放、积极的思想家；能很快决定是否购买；销售员必须热心地介绍，并满足他们的自尊。
- **主管** 自发者，但需要引导；销售员得拍拍他们的马屁。
- **律师** 各方面的专家；行动持稳；自大；喜欢控制他人。
- **物理学家** 高高在上的明星；思想家；不喜欢在专业领域之外做决定。
- **销售员** 务实的思想家；热心；在强大的成交压力下会买东西。
- **技术人员** 必须给予意见；销售员如有精彩的销售展示，会给予良好的回应。

从销售员口述、几本图书馆的藏书和我所听过的演讲中，我将常见的职业刻板印象分成以上几种。想要一劳永逸地摆脱这些，我的第一、最好、唯一的方法就是：永远不要刻板化。对那些这么做的销售员，我倒想听听他们对下列个案的专业意见：一个黑人牙医，恰巧是有犹太血统的意大利人，而且她还抽着雪茄！

观察有形的线索

虽然我并不想从客户的脸部表情和肢体动作去解读它们背后的意义，但我十分注意有形的线索。我认为你们也可以观察客户先前买的东西，以了解他们的购物习惯。

例如，当一位客户身着精美服饰，佩戴着昂贵珠宝走进我的展示间时，我可以看出她会走向时髦的展示车，而非保守的车。又如我在客户的办公室或家中看到很多机器配件，我可以知道这个人是一个高级车的拥护者。从客户墙上的艺术品到桌上的相片都可以告诉我他是怎样的一个人。比如，精致的艺术品能让我知道这个客户是肯花钱买东西保值的人；由他和妻儿合照的照片可以得知，他是一个注重家庭的男人。这些都和他要买的车种有直接关系。相反，一个穿着朴素或者办公室空荡荡的人，可能就会选择平实的车型。当然，这些只是直觉而已。在做销售展示时，我仍然会保持变通。只有在更了解客户之后，才有成交的可能。

有人喜欢坐头等舱，但也有人选择坐经济舱。有时候，这跟钱财多寡有关，有时候这纯粹是生活习惯使然。你必须有很好的判断力，否则你很可能被蒙蔽。很多人看起来身无分文地走进我的展示间，却直接付现金来买最昂贵的车种。再度提醒你，不要刻板化。

如果你能到客户的家或办公室去做销售展示，你将拥有十分有利的条件，因为你能借此机会更加了解他。他的居家工作环境能提供给你透视他的信息，而且这是别处找不到的。

由于我从事汽车销售工作，因此我很自然地会注意到客户的车。请注意，虽然有些人开着破车到处逛，他们家里的车库却可能摆着昂贵的车子。我比较关心的是客户用车的情况，而不是车出产的年份或型号。比如，从一辆轮胎磨损、窗户破裂或有其他不安全迹象的车子可以看出这个车主的日子不好过，尤其当车主是一个重视家庭的人时，上面的推测更加准确，因为他不会让心爱的家人暴露在不必要的危险中。当然，你不一定要销售汽车才能观察客户的车子。不管你卖什么东西，你都可以这么做。

如果你的客户是零售商，那么我建议你在销售商品之前先去逛逛他们的店。例如，一个销售男士服饰的销售员应该去观察这些零售店里的西装和休闲服是怎样陈列的。据此，你可以判断它们的客户群、价格定位和偏好样式等。又如，一系列的传统西服可能是某家零售店的大卖点，也可能是另一家新式服饰店的赔钱货。切记，一个优良零售业的运作都有一个主题，而你的商品得在这家店里与其他商品竞争。

另一个常被忽略却很重要的消息来源是客户既有的行为，这比你以貌取人的判定重要。对了，就是把你的家庭作业做一遍。知道客户先前买了什么东西，你才能再卖给他们额外的商品。先预习好这些，你就可能比你的客户更知道他为什么会买你的商品了。

增加客户的参与感

如同我在第 3 章中解释的，越能使你的客户参与其中，则越好。

当我把客户引导到方向盘前时，我就静静地观察他的反应。从这里，我可以得到客户购买信息。我也可以从客户喜欢开这些车的样子看出他想拥有它。他并不需要说“乔，我要买这辆车”，我就能知道他在想什么。但也许另一个客户会有不同的反应，所以我会提供不同的车型让他试开。

有时，我可以看出某个客户真的想买，因为试开之后我已经下车了，他却还坐在那儿幻想着，仿佛他不想离开他的“车”，并把它据为己有！

相同的道理，当一个女人身着一件皮草，站在试衣镜前左顾右盼时，皮草销售员也可以观察到清楚的购买信息。“曾经有些小姐在大热天走进店里，把这些皮草穿在身上，整整 15 分钟，”一个店员这样告诉我，“她们就像在走秀表演似的，在镜子前面来回踱步。她们一直抚摸着皮草，而当她们必须脱下来时，眼泪似乎都要掉下来了。”这些就是我所说的强烈的购买信息。

如果你注意到的话，**当客户从旁观者变成参与者时，你可以轻易地获得购买信息**。如果他们开始玩弄纽扣、抚摸衣料或是重新检视刚刚放回的衣服，这的确是在告诉你某些信息。以前文中提及的椰菜娃娃为例，当客户抱起她的“宝贝”在手中轻摇，并说着“芭比·苏(Barbie Sue)，快给妈妈亲一个”时，这就是成交的最佳时机了。

至于像保险这种无形的商品，有时候一个有力的、感人的他人经验就可以引出客户的眼泪。如果确实出现了这种情况，那就是你的购买信息了——你得到了一个有意成交的清楚信息。

做个好的倾听者

大部分的人一想到销售展示，脑中都会浮现出销售员一直喋喋不休，而客户则在一旁默默倾听的情景。然而，真正优秀的销售员应该也是一个好的聆听者。事实上，有效的销售技术是建立在双向沟通上的。在大力推荐你的产品或服务的同时，倾听客户说话也很重要。一个专业的销售员必须懂得客户的想法和感觉。俗话说得好：“**上帝给你两只耳朵和一张嘴，是要你倾听的时间比说话多一倍。**”

有时，许多销售员会把冗长的产品介绍视为良好的销售方式。这些人认为在销售的过程中，任何的冷场都是缺点。真是荒谬。事实上，**适时的停顿和短暂的静默都是颇具活力的销售技巧**。

不必对静默感觉不自在。不停地说话不见得就能达成销售目的。我想你会同意让客户有时间去思考，并让他表达自己的观点。如果不这样做，你将没有机会了解他，客户也会觉得你很无礼，因为你不尊重他的意见。

更重要的是，只有通过倾听，你才能确知客户想要的、需要的是什么。例如，房地产经纪人可以通过与客户的谈话，得知客户需要和想要什么。当客户提到她的小孩读的是私立学校时，等于提供给这个经纪人一个暗示：是否居住在学区附近已不是重点。同样地，如果先生说：“我们不是那种喜欢户外活动的人。”这个经纪人就该考虑介绍占地不大的房子。

股票经纪人尤其应当成为好的聆听者，因为他们的买卖通常是通过电话联络的。例如，当客户询问每家公司的红利分配时，经纪人得知道他们该强调绩优股，而不是成长股。

很明显，某些意见暗示了客户明确的兴趣。以下的谈话显示你已经接近成交阶段了。

“它多快可以送达呢?”

“我应该在几个月内付清账款呢?”

“月费是多少?”

“它有哪些颜色?”

“我先生/太太会爱死它的。”

“如果我按这个钮，会发生什么事呢?”

“这要怎么操作?”

“如果我想买，该付多少钱呢?”

“你推荐哪个产品?”

“这个样品和另一个较贵的有什么差别吗?”

“那是一个不错的想法。我明白你说的是什么。”

“我可以带回家试用吗?”

“你接受抵购品吗?”

“嗯，我真喜欢这个特色。”

说来惭愧，但有些销售员就是太会瞎扯，以致失掉了聆听购买信息的机会。依照我的看法，一个顶尖的销售员必须有良好的说话和倾听的技巧，而这些都是销售行业里最容易被忽略的。

在学校里，老师不教我们倾听技巧实在太可惜了。我也没听说过哪一所学校有这种课程。他们教了我们许多沟通的方式，如写作、阅读和演说，就是不教聆听。然而，每个销售员都能从培养倾听技巧中获益。

解读“专业”买家

有人是以买东西为职业的。这是很特殊的一群人：他们专门充当购物中介，进行商品采购。他们的工作就是一天 8 小时都在为雇主买零件、补给品和其他商品。因此，从他们身上得到的购买信息会不同于大多数的买主。

因此，这些人对你产品的了解程度大概和你差不多，甚至他们还知道如何解读销售员，也知道你如何去解读他们。知道这些后，他们会更卖力地隐藏可能被解读为购买信息的肢体语言。毕竟，他们不想让你知道他们在想什么，因为在谈价钱或合约条件时，这会成为一个不利因素。这些买者很懂得隐藏情感，通常他们表现得越冷静，就表示越有兴趣和你做生意。但也可能像其他的购买信息，有些人只是对任何事都漠不关心，所以你也可能得到错误的暗示。

为了说明专家与外行人的不同，马丁·塞德曼（Martin Seldman）——一个精于销售和管理训练的国际顾问提出一些非口头沟通的建议。马丁曾经担任某家赌场俱乐部的管理顾问，他认为在职业赌徒和专业买家之间有一定的共通之处。他指出：“通过观察赌徒可以发现，职业赌徒会寻找‘外头’的线索，这如同销售员和他的信息。”职业赌徒能很快找到外显的信息，如突然脸红、眼睛亮了起来或忽然对某局有了兴趣。如果手中的牌不好，业余赌徒就会显得厌烦不安；如果他有赢牌的机会，他又马上来了精神。他可能会问一些问题，比如：“最高赌注是多少？加多少？”拿赌博与销售相比，这些问话就好比客户问：“你收个人支票吗？运费多少？”

“然而，职业赌徒知道比透露牌面更好的方法。有时候，他会做出与同桌赌徒预想完全相反的反应。换句话说，如果手中有好牌，他会佯装焦躁不安。我相信专业买家和职业赌徒一样，对他们的工作都是很熟练的。请记住，不管你和哪个领域的专家打交道，你都得认清他们不同于其他客户的事实。因此，你必须改变你的销售展示来应对这些差异。如果你不随机应变，你会将客户传递的信息解读错误，并丧失一次生意机会。”

在活动中观察客户

解读客户最好的时机，就是在他们参与社会活动的时候。当然，也许你的工作性质会使你没有机会接触这方面。但如果你和客户在高尔夫球场、网球场、回力球场或是社交场合相遇，你就有机会汇集一些珍贵的线索来帮助你的销售事业。

例如，在一场男女双打的网球赛中，一个房地产经纪人告诉我说，他注意到他的客户把所有的失分都怪罪到他太太身上。“这使我知道他是非常好强的人，他不能忍受失败，”这个经纪人说道，“所以后来我要卖给他一座购物中心，我已有心理准备他会是一个难缠的谈判者。我也知道除非他确定自己能以极低的价格买下，否则他是不会买的。有了这层认识，我才能完成这笔交易。”

在观察人们吃早餐、午餐和晚餐时，你也可以掌握很多信息。曾有个经纪人告诉我他如何在实际商谈之前，从一顿午饭中看出他该如何与某大公司的总经理打交道。

“这位总经理超重许多，”经纪人解释道，“还声明他正在节食，所以只能吃不加调味酱的沙拉和一杯白水。事实上，他花了5分钟的时间告诉我他的医师如何警告他要坚持下去。当服务生过来点菜时，我给我的客户一个小小的建议：‘想到这家的烤牛肉，我的口水都快要流出来了。这是城里最好的一家。’”

“他又看了一次菜单，然后说：‘如果真有你说的那么好吃，那么我也来一点好了。’接着，他加入我的阵营，并叫了一份草莓酥饼作为甜点。”

“我心想，如果他那么轻易就能改变想法，商谈时他又怎样能坚持自己的立场呢？很明显，他并没有坚决节食，所以这可能是一个信息，显示他是一个好说话的客户。结果，他只出了三次价，我们就做成这笔交易了。”

研究买家的“自尊”

“自尊”这可爱的东西人人都有，而且自尊心越强的人，越容易被别人解读。但不要把自尊和自负弄混了。有强烈自尊心的人对自己都有很高的评价，而自负、自我吹嘘的人往往会掩饰他们的自卑感。我并不想扮演心理医师，我只希望通过解释自尊来帮助你更好地认识你的客户。

自尊心强的人相信自己，也愿意冒险，他们能果断地做决定，因此我喜欢和这种客户做生意。相反地，自尊心不强的人总是不愿意冒险。由于担心自己会犯错，在购买昂贵物品时他们举棋不定。与这种客户做生意，必须掌控整个销售过程，我在本书第 7 章会有详细说明。

在汽车业中，有人认为车种是车主自尊的延伸，比如车子越大，自尊心越强。老实说，这种推论对我而言太粗糙了。我就见过许多有强烈自尊心的人买小型车，也有相反的情形。而且，有些事业有成的大人物，虽然很少开大众汽车，却是珠宝商、服饰商、房地产经纪人和赌场老板张开双臂欢迎的客人。

我有一个好朋友（姑且隐去其姓名，就叫他约翰好了）专门帮一些商业领袖和知名人士写书。除了写作才华外，约翰还是一个出色的销售员。他说：“我的委托对象虽然是自尊心强的人，但有些会要求付较少的酬劳，甚至远低于我的要求。所以，初次与这些人会面时，我必须竭力自我推销，说服他们付给我合理的版税。”

“我事先收集了他们的背景资料。对这些人而言，当他们发现我知道那么多关于他们的事后，他们会感到非常满意。不用说，这为我自己扳回好几分优势。”

“**也许销售自己最好的方法就是大部分时间都让客户说话。**你也知道，自尊心强的人都喜欢有个好听众，因此我就坐着倾听他们说话。我还会拿出笔记本和铅笔，记下他们告诉我的事情——他们很喜欢这样。我这么做，并非都为了收集资料，而是写下他们的‘智慧’，这对他们的自尊有很正面的影响。他们绝对会感到满意的，而我得到了我要的利润。”

做笔记是一个满足他人自尊的好方法，你不一定非得是作家才能在销售过程中这么做。它会显示出你对客户的谈话内容感兴趣。因此，再次提醒你做一个好听众，偶尔也学学作家。但请记住，这个方法只能用在非正式的资料收集上，做笔记并不是要你收集资料，写在正式的订单上。提醒你，分辨这两者的不同，对你而言是非常重要的。

第5章

如何克服异议

销售的过程不可能一帆风顺，当你接触的客户越来越多后，你会发现客户的异议是不可避免的一部分。诚如先前我所说的，如果把这些反对意见抽离，那么销售员将无异于“接单员”了，现在我再强调一次。不仅如此，销售的佣金也会大打折扣，而销售也不再是行情看涨的职业。所以，愉快地面对这些质疑吧。毕竟，没有人会因在戏院前卖票而致富。

千万不要以为我喜欢面对客户的异议。我和你们一样，都不期盼它的发生。但是几年前，我开始意识到如果我想在销售上获得成功，我就必须妥善处理这些反对意见。从那时起，我就开始精神抖擞地面对它们，我把它们当成我事业的一部分。事实上，我估算在我整个销售生涯中，至少80%的生意是在我处理完反对意见后才成交的。你应该知道，如果每次我遇到异议就打退堂鼓，早在几年前我就退出这个行业了。

一个可以减少客户异议与拒绝的方法就是做出完善的销售展示。你做出的销售展示越完善，客户越能了解你的产品特色，他也会有更充分的理由去做购买决定。有几次我因为急着赶赴下一个约会，或是因工作上过度疲劳，便随便向客户介绍我的产品。事后，无论我给出什么理由，我都得回答更多的异议，结果我发现，这比我在一开始便做出完整的商品介绍要事倍功半。

另一个应对反对意见的方法是：在异议发生前做对策预案。你可以事先把客户可能提出的异议加入商品介绍中作答。你也可以先把有效的答词准备好，以便客户提出少见的异议时随时应变处理。

此外，你必须了解，你对异议的答复不一定要百分之百令客户满意。当你知道并非所有商品都得完全符合客户的理想后，岂不令你宽心许多？这好比当你选择配偶时，你是否会坚持对方非完美不可，或者你的配偶在选择你的时候，是否也在追寻他心中的完美典型。事实上，你们彼此都有特别吸引对方的特质，但也有必须勉强包容的小缺点。你可以把这种想法应用到生活中的各个方面——没有一种东西是完美的，事业、房子或是投资都是不完美的，生活中充满了妥协。如果人们单凭完美来做决定，那么世上没有一件事是可以被决定的。

记住，即使客户把你的商品批评得一无是处，也不要认定这笔生意已经泡汤了。毕竟，你的竞争对手也不会有完美商品。当我销售车子时，我的车子不见得所有条件都比其他品牌好，但只需要有足够的好的特性，我就能说服客户买我的产品了。

客户的异议是兴趣的表现

当我告诉销售员“客户提出异议，是在表现对你产品的兴趣”时，有时我会看到他们流露出要我深入说下去的表情。“一定有更好的方法可以让客户表达他们的看法。”他们这样告诉我。

如果所有的客户都把他们的名字签在虚线上，同时在你销售展示的适当时候掏出他们的支票簿，这该多么美好啊！但你我都知道，事情没这么容易。客户会微妙地让你知道他们的兴趣，有时这些微妙远超过你所能领会的。通常，客户提出异议是为了收集更多购买的理由。但许多销售员宁愿去拜访新客户，也不愿花时间去处理客户的异议。

我一直相信，当有人告诉我他为何不购买我的产品时，其实他已经愿意听我说明他应该购买的理由。事实上，我相当乐意听到这种反对意见，因为我喜欢对我的产品真正感兴趣的人。对于只听销售展示却不发表任何意见的人，比较难将产品卖给他。他总是摇摇头并提出一些负面的评价，例如“我没兴趣”“我不喜欢它”“我不想买”。这是最高难度的销售，因为客户不对任何特定的事物提出异议。好像销售介绍对他没有任何影响——他不想去挑战产品的价值，怀疑你对产品价值的陈述，或者要求你解答他的反对意见。

关心你的产品但尚未决定购买的客户才会吐露出他们的异议。我将这些反对意见解释为正面的信息。换句话说，如果我能处理他们的异议，我就能完成此项交易。例如，一个客户原来用一套旧的电脑系统，如果他采用你的新系统取代原来的系统，他势必得花费大笔的经费。当他告诉你他应该继续使用现有的系统以节省开销时，其实他是在求得肯定，肯定他能从购买你的系统中得到好处。但如果他仅仅说“我想用原来的机型”，那你就没有必要再浪费口舌了。除非你详细探查，找出他真正的问题所在，否则要做成这笔交易的机会等于零。

下面是一些隐藏着请求得到更多信息的反对意见的例子。

异议：“我不认为它可以呈现出每块钱最高的价值。”
隐藏的请求：“我要求你证明你的产品值得我花费这么高的价钱。”

异议：“这个产品的尺码对我不是最适合的。”
隐藏的请求：“请对我证明这是适合我的尺码。”

异议：“我从没有听过贵公司。”
隐藏的请求：“我想向你购买，但我必须知道贵公司是一家值得信赖的公司。”

异议：“我试着节省花费，所以我不要任何新产品。”
隐藏的请求：“除非你能使我相信你的产品确实是我所需要的，否则我不会买。”

异议：“我四处逛逛，看是否在别处也可以买到。”
隐藏的请求：“你不一定要卖给我啊！要么就以这个价钱卖给我，

要不然我就走了。”

理想的情况是，客户会解释为何他喜欢现在的系统而不喜欢你的。例如，他也许会说：“我现在的机型能处理每日的应收账款，你们的却不行。”或者他会告诉你：“XYZ 公司的机器售后服务非常好，只要有问题，服务人员就会在 24 小时内回应。”有了这个信息，你便可以将注意力集中在客户的反对意见上，现在情势演变成你要说服客户相信你所提供的产品：你的电脑处理能力比他现在所使用的那个还要好，因此，它可以帮助他节省时间，提供更多的信息，为他的客户提供更好的服务，并且减少机器维修的停工时间，因为你的公司要求服务人员在三个半小时内处理客户的要求。

当一个客户可以从他现有的来源得到很好的服务时，自然也比较难完成这项交易。可以理解的是，人们倾向于照顾原有的销售员及商家。例如，一个客户对股票经纪人说：“我很满意我现在这个经纪人，她已经帮我赚了钱，而且她提供的服务非常好，此外，她也是我的一位很好的朋友。”

即使客户对你如此坦白，并不表示你已经完全没机会赢得这位客户了，一个良好的回答是：“我非常高兴您有这个好助手，但是我确信您也同意‘没有经纪人可以提出所有的好意见’这句话！所以，如果您同意，我希望和您保持联系。以后，当我认为有非常好的机会可以买到某家公司的股票时，我会打电话通知您，这样做您应该不会反对吧？”

找出异议的真正理由

因为一些理由，客户提出虚假异议而不告诉你为何他们真的不想买。很明显，除非你知道真的异议是什么，否则你大概无法真正解决困扰你客户的问题。提出与真正问题无关的一大堆事困扰着客户，也不会改变他的心意。

例如：艾伦（Alan）是一位股票经纪人，他正试着买入 5 000 股 ATR 公司的股票。山姆（Sam）是他的一位委托人，他是艾伦的邻居兼好友。他提出反对意见，告诉艾伦他只投资有成长性的公司。

“ATR 公司每年一股损失 5 美分。”山姆说。

“没错，但那是因为公司有非经常性的冲销，而我们的分析师估计它下个年度的盈余将会达到每股 8 美分。”

“当我看到它确实如此时我才会相信，这家公司已有 9 个季度没有赚进 1 美分了。”山姆说。

事实上，山姆真正的问题是他侄子目前正在卖证券，而他打算让他侄子当他的经纪人（他受制于他老婆严格的命令），可是他又不想伤害艾伦的感情，因为艾伦当他的股票经纪人已有 20 年了。山姆不知道该如何向他的老友婉转地解释他以后不能再和他一起做生意了。不论艾伦多努力地说明 ATR 公司的年度盈余估计，都无法说服山姆做这项投资。因为艾伦解释的这些问题和真正的问题毫无关联。除非艾伦了解山姆的侄子才是山姆不购买的真正原因，而且直接面对和处理它，否则山姆将不会接下这份以他的名字执行交易的订单。

有好几打理由使客户提出虚假的异议，除非你能除去真正的异议，否则你将失掉很多成交机会。举例来说，某位客户也许对你的公司不是很了解，甚至认为你的公司不可靠或者不诚实，但他不想冒犯你，因此他可能说："我要考虑一个晚上。"在这种情况下，你也许会向他提出几个好的理由证明为何要现在行动，诸如存货短缺、价格将要调涨，或者如果他推掉这项购买，他将遭受重大损失等。然而，这些理由没有一个可以使他相信你的公司是一个合法、值得信任的公司。

一个常见的，人们却不愿意提出的异议是：他们买不起你的产品。要他们承认自己没有足够的钱确实很难为情，这会伤害他们的自尊，因此他们不说他们买不起。客户向我提出的虚假异议包括"我有一个亲戚也在这一行""我要等到新模型出来才买"。正如你所推测的，除非我能正确地判断这些客户，否则即使我脸发绿了，也不能解决他们真正的问题。一旦我了解这一点，我就可以和他们谈谈价钱打折、每月分期付款，以及许多其他的解决方案，使他们相信他们还是有能力买得起一辆车子的。

也许认出这些虚假异议最好的方法是给他们提供具体的回答，并且观察他们对你的回答的反应。一般来说，如果他们对你的机智回答没有反应，就表示他们并未对你说明他们真正反对的理由。就拿山姆告诉他的股票经纪人的例子来说，他说他对 ATR 公司根本就没有兴趣，因为他喜欢投资有成长性的公司。而在艾伦提出了具体的事实以支持他认为 ATR 公司确实是一个有成长性的公司之后，艾伦应该知道这只是山姆的推诿之辞。毕竟，他知道山姆是一个理性且机敏的投资者，而他竟然忽略了一般情况下会影响他的购买决定的重要卖点。

另一个方法是，当客户对你提出一系列不相关的异议时，他们其实是在掩盖真正困扰他们的问题。最后，你必须这样想："没有人有这么多不购买的真正理由！"一旦你知道这一点，你便能向他们提出问题，以揭露他们真正的异议。

如果你仍然无法揭露真正的异议，你也许应该坦白地问："客户先生，我想请您帮个忙。"大部分的人都会因此而恢复原状，并且一般都会答复说："好啊！是什么事呢？"

"**我知道这辆车对您来说真的非常完美，而且它也很有价值，但我心中觉得有些事您有所回避，我想知道您今天迟迟不下决心的真正原因。**"

"哦！乔，我只是想晚上睡觉时再考虑一下。"

"别这样嘛！到底是什么原因呢？"

"真的没有啊！"

"真的，告诉我没关系的。是什么原因让您觉得现在买辆车子不妥呢？"

"好吧！就告诉你好了。乔……"接下来客户把真正的原因讲出来了。

有了这样的信息，我又可以继续我们的交易了。"我的感觉就是这样的，我想让你知道，你对我如此亲近，我是多么地感激……”现在，一个眼看就要丢失了的买卖已变成了可盈利的订单。

就如你所看到的，有时你必须在客户愿意告诉你他真正想什么之前，给他适度的驱策。但除非你有一些非常好的意见，否则我不建议你尝试，因为你可能在发现真正的异议前把一切都搞砸了。同时，你也容易提出一些他没想过的问题，而这容易引发一些不愉快。

也有些人信誓旦旦地说他们不愿在压力下购买任何东西——不论是什么！他们一开始便决定在任何情况下都不购买。例如，一个人可能会对他的同事说：“今晚有个人寿保险的销售员要来拜访我，但他只是浪费时间而已，我绝对不会买的。”一对夫妻也许会接受娱乐区开发商的邀请而度过一个免费的假期，但他们知道他们必须花三个小时的周末时间去听一场销售介绍。他们也告诉他们的朋友：“我们之所以去听，是因为我们可以享受一个远离城镇的周末。我们绝对没有兴趣购买任何一个商品。”同样地，另一个人告诉他的朋友：“我下班回家途中要去拜访一位销售员，看一看新型的车子，但如果说我是要去买车，那才见鬼呢！”

通常，这些人只是在愚弄他们自己，因为到后来他们想要购买，可是想到之前他们所说的“不会购买”这类嘲讽与笑话，却又觉得去面对它们有些难为情。了解这种行为以便完成销售是非常重要的。幸运的是，有些线索可以被发现，一种是提出许多不常见且没有关联的异议；另一种可能是一些评论，例如：“我实在非常惊讶，它竟然这么好！”“你应该告诉我这是一个高压装置，但是你并没有，你有吗？”

当你听到这类回答时，你必须给客户更多的确定回答，让他知道他是在做明智的抉择。

绝不要把客户逼到墙角

有一条重要的规则是，你的工作并不是要打胜仗或是打败仗。我曾经看到销售员和客户陷入争论中，但不管是谁赢得了这场争辩，销售都无法达成，永远不要和客户争辩，因为到最后你会和他成为敌对的状态。

一些客户提出的异议是不值得争辩的。举例来说，一位客户在我的销售展示一开始时就对我说："我只是到处看看而已，今天我并不想买车。"我会忽略他所说的，我认为他可能是真诚的，但我知道他在看到我所提供的东西之后会觉得有所不同。然而，大部分销售员都会有反击的倾向："您为什么要四处比较呢？您有可能需要的东西就在这里啊！就在我们的存货里啊！"

这一类的意见会使客户有防卫的心态。当他被逼到墙角时他觉得他应该替自己的意见辩解。"可是，我买一辆车总是要比较一下价钱的啊！"他坚持自我防卫。因此，在接下来的销售展示中，这位客户觉得他必须保留住面子，而且不能改变主意。现在已变成事关尊严的事了，让步是一种懦弱的表现。

什么样的异议是可以提出的，这已成为超越适不适合这个层次的问题了。当你将你的潜在客户置于此位置时，实际上你已将自己置于险境了。

最近一位初入行的人寿保险销售新手和我谈到了一位难以应付的客户。从这位年轻人应付困局的表现中，我看出他有成为超级销售员的潜质。这位保险经纪人走过一片麦田去拜访一位正在操作拖拉机的农夫，这位农夫关掉机器，以便能够听到他说的话，不过他因为工作被打断了而大发雷霆。这位六英尺四英寸的农夫生气地对这位五英尺六英寸的经纪人说："我发誓，下次如果有像你这样心肠坏、个子又矮的保险经纪人来我这儿推销，我一定要取他的狗命，还要把他丢出我的地盘。"

这位年轻的经纪人毫不迟疑地双眼直视农夫，并且告诉他："先生，在你尝试任何举动之前，你最好尽你所能买各种保险吧！"

然后是一小段时间的沉默，接着，农夫的脸上出现了灿烂的笑容。"年轻人，"他说，"让我们进屋子里去吧！我想听听你销售的东西。"

当他们进入屋子后，农夫将手搭在经纪人的肩上，并且对他老婆说："嗨，甜心，这个小家伙认为他可以杀了我。"他说完之后便捧腹大笑。这位经纪人告诉我，这是他最轻易完成的交易。

这个小故事使我想起了自己的经验。有一次，一位客户告诉我："如果你想施加压力说服我买车，我会把你从那个大玻璃展示间的窗户丢出去。"

我回复他："先生，真的很高兴认识您！您知道，我认为这是一段美好友谊的开始。"而事实上，它的确是。在之后的几年，我一共卖给他九辆车。你明白了我如何处理潜在的困窘局面吗？不是和这位顾客开启战端，相反，我以我的机智及魅力赢得了他的信任。

克服六种常被提出的异议

明显地，有些真正的异议不能被忽略，你必须直接处理它们以便敲定这项交易。有六种基本的异议在各个销售领域是最常见的。（请注意，“我再考虑考虑”这个异议在此处被省略了，因为在下一章“克服客户的拖延”中会有详细的讨论。）

■ “我负担不起。”（这包括了所有的价格异议，如“这花费太多钱了”“你开的价格太高了”“那超出我的预算了”“我可以在别处以更少的价钱买到它”。）

不要忽略也许你的客户的经济能力真的负担不起的情况，也许你必须刺探一下以了解实情。如果他说的话属实，你可以提供另一个价格较低的产品。

当客户多次诉说贫穷，他们只是认为他们负担不起，或者也许是你没有提出足够的理由说明为何你的产品能值高价。当一个人急着想要某一产品时，当他知道他的钱花得值得时，以及当他可以借得到钱时，价钱这项异议就会消除了。

有一种处理价格异议的方法是将价钱分散为客户可以负担的小数目，以每周、每天，甚至每小时来计划。例如，一辆15 000美元的车子，可以采用每月付 300 美元，或每天付 10 美元的方式来付款；而当你谈到一天只需花 10 美元时，这个价格就比较容易吸引客户了。

例如，一位复印机销售员卖一种定价为 7 000 美元的机型，它比其他厂牌的机型贵了 2 000 美元。客户已决定要买一台新的复印机，因此销售员只谈论这 2 000 美元的差异，而不去提 7 000 美元的价格。接着他将价格差异以 10 年的使用寿命拆成每年 200 美元，再以 1 个星期 5 个工作日计，将价格差异拆成每天不到 80 美分。接下来他将比较每份复印所节省的秒数，并将节省下来的时间转换成每年可节省的金钱。为了做到这一点，他也许会问一些问题，如“您办公室的人员平均每小时的工资是多少?”“您办公室中最低薪资员工每小时的工资是多少?”在算出这些员工每小时工资为 4 美元后，这位销售员便说：“总体来看，这比您所支付的最低薪资员工 12 分钟的工资还少!”

其他例子：

“若您将每月不到 300 美元的分期付款拆开来，罗杰先生，那相当于一天不到 10 美元！您知道吗？出租业者每天可以从出租这个型号的车子赚到 39.95 美元。只要想想您从驾驶这辆车子中得到的乐趣就好了，而且您也应该得到它，不是吗？如果您 5 年后将这辆车整修一下，它的价值将会是您所支付的 65%，因此，我们所谈的实际成本一天也才不到 3.5 美元而已。”

“这部电视机的花费比每天一瓶啤酒还要低，而且在未来几年中，您全家人每天平均 8 小时都可以使用它!”

如果是与商业有关的产品，**你必须向客户展示他购买后会得到什么利益**。举例如下：

●“是的，安，我知道这个提案意味着您的广告预算将大幅提高，但它可以使销售量大增，而这代表更高的利润。简言之，它本身是值得的。”

●“的确，这个电脑系统需要一笔花费，史丹利，但它将减少您的劳动成本，并且使您的 4 位员工脱离单调乏味的工作，转而进入更具生产性的领域。”

●“我知道这套安保系统很昂贵，但它将减少大约每月 80 美元的保险支付。若您将这项节约列入考虑中，您真的负担得起，不是吗，泰瑞?”

●“是的，这件 500 美元的外套的价格是蓝色那件的两倍，但是您喜欢这件啊，不是吗? 这一类的外套您 10 年内都可以穿，因为它的样式非常高雅，而且您在很短的时间内便会对蓝色的那件感到厌烦了。当您将成本分摊到 10 年中，它确实是一个很不错的价格。”

●“这些马蹄铁状的工具比其他的贵了 25%，但看看保修年限吧! 较便宜的那些在几年内便会损坏了，因此还要再找新的代替它。当谈到品质时，它的确是物超所值啊，罗杰。”

有一些好的理由可以解释为何不购买你的产品事实上是客户的损失。

一位推销娱乐区假期公寓的兼职销售员告诉他的客户：“当您的公寓成本被分摊到 15 年中，也就是将价钱 12 000 美元除以 15 时，那也只不过是每年 800 美元，是非常少的，我尚未将您的公寓升值包括在内呢。我估计在 5～7 年内，这个项目的价值会加倍，如果您想到这点，您的假期将不会花费您任何代价——就如同您是被付费去接受它们的。”

同样地，一架私人喷气式飞机、一套曼哈顿的商务公寓，甚至是一栋办公大楼，都可以用相同的方式来销售，那就是使拥有者了解长期的节省更胜于决定购买时花费的费用。

■ “我要和我的配偶讨论。”（这个类别有“我要和我的伴侣讨论”“我要和我的会计师计算一下”“我要和我的律师商量一下”等。）

也许避免这项异议最好的方法是确定所有的决策者都在场听销售展示。你可以经常说些话来做到这一点，如：“格兰特先生，星期三下午 3 点 15 分我会到您办公室，我非常希望您能邀约任何您觉得可以帮助您做决定的人来参加我们的会谈。”如果他答复“我就是有决定权的人”，你可以告诉他“很高兴能见到一位能自己做决定而不需要经董事会同意的人”。一般来说，这个说法让客户没办法在交易快要达成时又难堪地说：“我不是有权做主的人。”

当向夫妇销售时，这个技巧也可以应用。“夫人一定要和您在场一起做决定吗，马斯特先生？”如果答案是肯定的，你最好让她也在场。如果他说不，接下来你便可以说：“真高兴遇到一个可以自己做决定的男人。”如果他的配偶就在旁边，你可以说：“不知是否您太太要加入我们的讨论您才能做决定？如果是，当然欢迎她了。”当然，如果不是，让她在一旁听听就可以了。

一位草坪保养服务的销售员告诉我一个他向底特律郊区的家庭主妇销售的有效方法。“当一个家庭主妇说她必须和她先生谈谈时，我便问：‘您每星期在杂货上的花费是多少呢，夫人？’”

“哦！大概是一个星期 250 美元。”她回答道。

“每次您到超市前都会和您先生谈吗？”我问。

“当然不会呀。”她这样回答。

“您每年在杂货上的花费超过 12 000 美元，这是一笔庞大的费用，而我所提的金额并不需要经过他的许可。好的，我们只是在谈论一项每个月 200 美元的决定，因此我确定他不会介意您所下的决定，他会吗？”我假设这项交易已经成交，并且再加上一句，“您希望我的工作人员星期三上午还是下午来呢？”

当一位客户在汽车展示马上要结束时告诉我他要和他太太讨论，而他太太不在场时，我会说：“这个时候，让我们签下订单吧！来吧，把您的名字签在这儿，好吗？请付给我 100 美元当订金。”一开始他会有意见，而我会忽略它们不去和他争辩。如果这位客户属于阳刚型的个性，我会再加上一句：“您知道的，哈维，和像您这样可以自己做决定的人交易真是一件好事，这几天有好多家伙都是听太太发号施令的。”

如果他仍说：“不，乔，我必须和我太太商量。”我会再加几句：“让我们完成订单吧，您可以回家再告诉她啊。如果还是不行，您可以把她带来这里让我来介绍。如果她还是反对，您可以把订金拿回去。”但如果客户没有留下任何订金就走出去了，这笔交易很可能就泡汤了，因为他再也不会回来了。当然，当一个没有丈夫陪同的妇女走进来时，我自然会告诉她我有多欣赏现代的妇女，她们不必经由先生同意就可以自己购买东西。

■ “我有一个好朋友也在从事这个行业。”（也可能是姻亲，或隔壁邻居等，和你销售相同的东西。）

此时你必须问你自己：“你这位客户是宁愿将生意给他的朋友做，还是会选择对他最有利、花费最少的购买呢?”通常，大部分人都想改善自己的状况，而不是让自己掏钱买个不好的东西。

当一位股票经纪人听到这个异议后，他答复道：“哈里，我知道您对朋友很忠诚，但我确定您应该会同意没有人可以在意见上有独占的地位吧!”这位经纪人继续深入地说道：“我主要的兴趣是想和您一起合作，当有好机会（我们了解并且密切观察着）时，这些情况并不总是您和其他的朋友能注意得到的啊。毕竟，您的朋友和我有相同的目标——帮助您建立起您的资本。”

在客户承认一位人寿保险经纪人在保险项目上比他的朋友有更好的政策后，经纪人的反应可能是：“我相信您的朋友会希望您做对自己最有利的事，理查德。如果他不是这么想的，他就不能算是您的好朋友了。现在，让我们做对您的家庭最有利的事吧!”

■ “我再到别处看看。”

当一位客户这样告诉我时，我会问他在考虑什么品牌。不论他说的是哪一个品牌——福特、克莱斯勒、奥迪，所有你叫得出名字的——我都有它的档案。假设他说的是奥迪（也可能是任何牌子）。好的，这几年来我收集了所有有关汽车的报纸及杂志文章——所有的文章，也就是说，任何有关它们的负面报道也包括在内。于是，我把奥迪的档案抽出来，并且对他说："您读一读这些资料吧，我几分钟后就回来了。"我将好几篇文章交给他，这些文章谈论的都是刹车失灵、传动装置故障等内容。

这个可怜的家伙必定会坐在我的办公室内，一页一页读着奥迪的车主曾经有过的问题。我这样做是不道德的吗？我认为，这和一位诉讼律师替他的案子辩护并没有什么不同。最后，当我进到办公室时，这位客户面如白纸，于是我问他："您认为如何呢？弗瑞德，您还要再看三份奥迪档案吗？"接着，我把订单簿放在他前面，对他说："把名字签在这里，完成这笔交易吧。我可能还救了您一命呢！"看到他如此温顺地签名，真令我惊讶！

当然，**所有的销售员都可以使用这个技巧，不论你卖的是什么。很自然地，你必须做一些家庭作业，并且整理一份同类型商品的档案。**有一个简单的方法可以得到竞争者的负面资料，那就是打电话到当地的商业促进局（Better Business Bureau）并询问是否有关于 XYZ 公司的投诉档案，不过你必须告诉它你在考虑是否要和 XYZ 公司做生意。如果它送给你一大堆的投诉档案，你可以把它们拿给客户看。如果你细心挖掘，一定可以找到每家公司的负面资料。如果你还找不到，那么你应该到那家公司去应聘工作了。

在销售这个行业里，客户四处比价，直到找到他们认为的最好交易，这是很常见的现象。通常，在你花了 1 个小时的时间做销售展示，并针对你的产品或服务开出价格后，客户会告诉你："我可以拿到比你更低的价格。"

许多销售员会针对此点开始对购物者大叫大嚷："你一定搞错了，你不可能找到比这还低的价格。"他们这样叫嚷着。然而，这只会把客户吓跑。况且，你这样做等于要客户证明他可以用更低的价格买到你的产品。如果你让他离开，你也许可以证明你的观点，但你从此以后也看不到他了。要他再回来并承认他搞错了，这需要他放下他的身份。

销售各种产品及服务的销售员会面对一种可恶的销售员——善于投偏低坏球者。这种销售员开出他们自知不可能会卖给你的价钱。对这种无耻的销售员应有所警觉。他们将会浪费你的时间，使你失掉交易并且使你受挫。这些投偏低坏球的骗子希望客户四处比价，并且在无法问到更低的价格后回来找他们；接着，他们便开始找借口。当然，他们的价格并不包含某些特定的项目，因此最终价格总是比较高。

现在，请看一下乔·吉拉德如何处理此类情况。我会冷静地说："我认为某人一定搞错了，不必告诉我那位销售员的名字了，但他替哪家公司工作呢?"他说："ABC 经销公司。"我继续说："下面是我所要替你做的事，先生，我将证明我的处理是多么奇异，你不必太相信它。但是，我将证明给你看我的办法会为你省下许多时间呢!"

于是，我拨通了给 ABC 经销公司的电话，并将电话听筒交给客户，以便他能听到电话正在响。“早安，这里是 ABC。”他听着。

我将听筒从他手中拿过来，并且说：“这正是开给您那个价格的公司，对吧？”在他承认我联络的正是那家经销公司后，我请电话那方帮我接一位销售员。

“先生，三天前我向镇上的一家经销商买了一辆车，而当我今天早上要去完成交易时，那位销售员告诉我他少算了 450 美元。我现在告诉你我需要的车种和配备，如果你能提供给我你们最优惠的价格，并且比我现在这个价格还要低，我会马上过去向你们买车。但如果我到了你们那儿后，你们的价格比在电话中告诉我的还要高一点，我马上走人，这样合理吗？”

假如销售员要我到他那里商谈，或者要我的电话号码，我会答复：“不，我只是要你向我开个价，如果你的价格比我现在这个价格更低，我和我太太下午便会去你们那儿。”

通常销售员拒绝在电话中给我报价，但如果你再坚持一下，他就会向你报价。在这样的情况下，我知道我开出的价格已经低到没有其他价格比我的更低了。最后，销售员报价12 700美元。我的报价是 12 000 美元，我轻声告诉客户他的报价，而这位客户从 ABC 经销公司得到的最低报价是 11 900 美元。

“请你将那个数字向我太太重复一次好吗？”我问他，并且同时将电话听筒交给这位客户。

“12 700 美元。”他说。我将话筒拿开。

“谢谢你！”我继续对这位销售员说道，然后把电话挂断。我转身面对这位客户，告诉他：“了解我告诉你的了吗？”我把笔放进他的手中，并将他的手放在订单上。我事实上是在对他说：“替我填好它吧！”

偶尔会有客户拿出一本刊物，这本刊物中有比我的报价还要低的广告信息。“嘿，看这儿，乔，看这边所说的，”他说着，指着一个数字，“我可以以低于你报价 100 美元的价格买到它。”

他以为这可以使我震惊一下，但我只是告诉他，他不可能以他看到的价格买到它。这个价格也许并不包含相同的选择配置或交易费，我告诉他，它也许只是一个诱饵，那是一种销售技巧，在此技巧中，产品的起价非常低，但当你问到那一种型号的产品时，最便宜的那一种总是卖完了，于是他们便试着鼓动你去买更贵的那一种。

但当我说了这些话后，我并不要求客户马上就对我的产品有信心。我按前面所说的那个方法，打电话给销售员并且询问他们的报价。我不告诉他们我已经看过他们的起价了，我只问他们某一种型号的产品价格再加上某些选择配置的价格及其他所有的费用的总价的最优惠价格是多少。

这个方法从未失败过。我总是能击败他们的价格。接着我转身面对客户。

“请签在这里吧！”我会告诉他。

■“给我一些宣传单，我会再来找你。”

很明显地，这位客户让你知道你不用说服他去购买。但是不要期望宣传单在销售工作上可以比你这个销售员做得还好。如果真的是这样，公司便会取消推销投入而代之以宣传单邮寄了。

我对这类话的标准回答是："当然，我很乐意给您一些有关车子的资料简介，您可以把它们拿给问您的朋友们看。"这样的答复假定了这项交易已达成，以及你并不接受这位客户要延缓购买决定的想法。接着，我给他一些为何今天要买这辆车的理由，对这位客户，我也许会再次强调我们可以给他的旧车抵购价非常不错；而对另外一位客户，我则强调今天我能提供给他的优惠条件。记住，在同一个销售展示中，我也可能提到上述所有内容以及数个达成交易的其他尝试。

也许另一位客户不让我的"拿资料简介给您朋友看"的方法奏效。他力劝我："看看吧，乔，我还没有决定呢。这正是我要拿一些小册子回家的原因，这样我才可以决定该如何做啊。"

面对这种决定，我更直接了，我说："如果这些小册子可以做我被付费来做的事，我早失业了。现在，如果有任何您不清楚的事情，那就是我在这里的原因了。正确地说，您有什么不明白的地方吗？"如果他不提出一个明确的异议，我便继续向他说明更多购买的理由。

■"我不想购买你们的产品，因为……"

我欢迎某些异议，这些异议明确地说出了客户对我的产品的不满意之处。这使得我能把焦点对准使他愿意购买的理由。

举例来说，某位客户可能在我告诉他经销商的存货中只有双门轿车之后，告诉我他喜欢某一型号的四门轿车。有了这个信息，我可以把他的异议缩小成为一个不购买的理由。

“天啊！艾迪，我们已经没有四门轿车了，”我面有难色地说，“如果这里有四门轿车，您会买吧？我打赌，如果有的话，您会买对不对？”

“是的。”他笑着说。

“我不知道我今天是怎么搞的，艾迪，”我说，同时拍打着自己的头，“您看，我们与镇上其他四家经销商有约定，当我们的存货不够时，可以使用彼此的存货。我们设了这个经销商协定，是为了可以提供最好的服务给客户。我们可以相互提车子，车子都是相同的！所以，客户才是最大的赢家。给我五分钟，我就可以提到您想要的车子。您要白色的，但黑色可以是您的第二个选择，对吗？”接着，不等他答复，我转身走到电话旁，拿起电话拨给其他的经销商。

实际上，只要你对客户的问题有解答，每个特别的异议都可以被处理掉。注意下面如何将异议孤立成最后的问题，紧接着便是产品的购买了。

“现在，如果这个人寿保险政策有这项条款，也就是说，如果有你残废了会支付给你保险金的条款，你就愿意申请它，我说的对吗？”一位寿险经纪人问。一旦客户同意他最后的问题，这位经纪人便开始解释保险金将如何解决这个问题。

“现在，您喜欢 XYZ 公司的文字处理机是因为它的快速打印机吗？如果我们的产品打印得更快，您就会购买我们的，我的理解对吗？”一旦客户同意，这位销售员便开始解释如何能得到一台与其他公司产品相容的并且速度更快的打印机。

“现在，我不知道是否可以替您办成，但如果我们的销售部门愿意给您的车 7 000 美元的折扣，您今天一定会买这辆新车是吗？”因为我事先已经知道这辆车的折扣会是 7 000 美元，所以我使用这一招。但我会演得好像非常难达到这项交易。“好吧！但我实在很怀疑我们的销售部门会不会给您这么大的折扣，如果您真的得到它，您可是做了一辈子最好的买卖啰！但我不认为问一下会有任何损失，让我看看我能替您争取到什么……”

一位房地产经纪人说：“卖价是 30 万美元，但我知道如果只卖 25 万美元，您会愿意买，对吗？我不会归咎于您的，但如果他们愿意以这个价钱卖给您，我会觉得很惊讶。”同一时间，这位房地产经纪人事先已知道卖方愿意接受 25 万美元的价格。“好吧，我将写上出价 25 万美元，接下来，我们就只能祈求好运了。”房地产经纪人把这个数字写在合约上，并且说：“现在，就在这里帮我把这张表填完吧，我会替您交给他的。”

“您今天不购买的唯一理由是这套衣服的中间部分太大了，我的理解对吗？天呀，吉姆，您知道这套衣服我们没有下一个尺码。”一旦客户同意如果这套衣服可以更合身，他会愿意购买，这位销售员便会请裁缝师来做一些修改，使这套衣服更合身（销售员已经知道裁缝师可以做一些修改）。

“我现在没有钱”

常常，客户会四处比价，即使我把车子卖给他了，他还会推说身上没带空白支票、现金或者是信用卡，所以他不能一次付清。在花了大约 1 个小时做销售展示后，我不会让他就这样走掉的，因为我知道他再回来的机会很渺茫。除此之外，我知道人们只是说他们身上没带钱——但事实上，他们不太可能口袋空空地离开家。

想到“一鸟在手胜过两鸟在林”的说法，我会说：“没问题，佛莱德，我也无法告诉您有多少次我和您一样身无分文便出门了。”我会停顿一下，等我看到这位客户觉得他已经脱离钓钩且明显地放松了时，我会继续说：“事实上，您不需要任何钱，因为您的一句话对我来说胜于世界上的所有钱。”

接着，我会抓着客户的手，并且说：“只要在这里填好这张表。”之后我把他的手放在订单上。

然后，我会重复我对他的第一印象有多好，而且我知道他不会让我失望的。事实上，当我对客户说这些话时，很少有人会使我失望，我发现当你信任好人时，他们会想要证明你对他们的信任是对的。

你不需要用这种技巧卖车。它只在某人说“我很抱歉，我现在真的没有现金，如果您在周末看到我，我就有钱了”的时候才会有效。

回答异议并达成销售

一旦你相信一个异议已经被满意地解答后，前进吧！没有必要再继续详述，问“好的，您现在认为怎样呢?”“这样可以解决您的问题吗?”诸如此类的问题。你并不需要肯定。直接假定它。

向客户炫耀你有多聪明并不是你的工作，尤其是当这有可能使你的客户觉得自己低你一等的时候。这样做会使他们产生厌恶的感觉。因此，不要挺起你的胸膛，好像是在说：“嗯，我这样回答你的异议不是很神奇吗?”记住，你的使命并不是要打胜仗或输掉战争。

相反，让客户觉得你是在提供必要的信息服务他，以便他能做个明智的决定。你也应该赞美他的评论与观察。总之，不要使他觉得你好像在跟他唱反调，说服他买某个产品。在他提出异议后，给他一些回应，让他觉得很舒服，然后当所有的障碍都排除之后，你就可以勇往直前，完成你的交易了。

第6章

克服客户的拖延

在前一章中，我故意遗漏头号大难题，其他难题加起来都没有这个难题那么使销售员困惑。任何曾经从事销售工作的人都应该知道我指的是什么，那就是“我再考虑考虑”这句话。

也许客户不见得就说这句话，但下面这些话都会传达相同的信息：

“我再想想看。”

“我从不在第一通电话时做决定。”

“我会好好考虑。”

“你可以明天（下个月初、放完假后……）再打电话过来，我会告诉你我的决定。”

“给我一张名片，我决定后再打电话给你。”

你应该了解，这些客户只是不想下决心买你的东西，但这并不表示他反对你，或者你的公司，抑或你的产品。如果他的拒绝是因为其中一个原因，要克服他的抗拒是相当容易的事。如果他倚墙观望，不给你任何决定，那又是另一回事了。

客户为何拖延

即使你已经为客户分析出所有他必须决定购买的理由了，他仍然还有一拖再拖的原因，那就是**怕做错决定。他宁可选择最容易的方式，什么也不做。**

你是否注意过那些受过高等专业训练的人如何在他们的专业领域内有敏捷的反应？例如，顶尖的外科医生在手术台上必须做瞬间的决定，因为任何一个小小的犹豫，都可能导致手术刀滑动从而造成患者死亡。第一流的全美橄榄球联合会的四分卫必须在重达 280 磅的前锋狂暴地冲向他们时做出最迅速的反应。在证券交易市场内，投资者也要在瞬间做出价值百万美元的决定。然而，**一旦他们远离专业知识领域，他们就难以下决定**。有时，极其简单的事都会造成他们的困扰。

你知道我对这种现象的解释吗？我的结论是，客户的拖延主要是他们缺乏自信所致，这是有充分理由的。他们不想马上做决定，因为他们宁可错失良机，也不愿做一个错误的决定；相反，我从来没有遇过相信自己的购买决定完全正确却犹豫不决的客户。如果你没有学会任何关于成交的知识，建议你以后牢牢记住这个原则：**客户喜欢拖延到明天再做决定，是因为他们没有信心在今天做决定。**

有样学样：客户在模仿你

有人说，没有什么比热忱更具感染力的。但是，我不同意这句话，因为犹豫不决的心理，就像热忱一样，也会感染别人。

把“有样学样”这个原则用在成交上是再恰当不过了。客户会模仿你的热忱，客户也会模仿你的优柔寡断。我知道许多销售员到了最后关头无法完成交易，是因为他们缺乏自信。他们害怕面对客户的拒绝，就像猎狗害怕听到枪声一样。一旦害怕来袭，身体的表现就会展露无遗——面部表情以及肢体动作都会传达出明显的害怕信息。有时，这种害怕的外在表现并不那么明显，客户不会完全察觉。但在潜意识里，他们已经感染了这种情绪，于是他们也跟着犹豫起来。他们会支吾地回答你，没多久，便脱口说出令你却步的话：“我再考虑考虑，再联系吧。”

我相信你扮演过客户的角色，也看过销售员在询问客户购买意愿时战战兢兢、话带迟疑地说：“请把您……您的大名写……写在这里。”然后销售员用颤抖的手把笔递给你。

问题是，如果销售员没有信心，即使他说的每句话都很恰当，你也会开始怀疑他，怀疑自己是否该买。原本在这之前，你已经考虑要买他的产品了，但此刻你会觉得不妥，甚至会喃喃自语：“我再考虑一下。”这些话在你还来不及想之前就脱口而出了。你的心里本能地会开始对这件事详加考虑，同时你会请销售员 1～2 天后再来。如果在签约时，销售员表现出迟疑没信心的样子，你也会没信心购买。

相反，有些销售员会散发出一股自信。这股自信是缓缓流露出来的。由于他们具有果断力，在他们打电话给客户之前，便确信自己已成交了，而客户也这样认为。正因如此，你常会看到甲销售员业绩胜过乙销售员，即使两个人使用一字不差的销售术语。

正如前面那个销售员会让你犹豫不决，后面这个销售员则会激起你的自信。因为他充满自信，而这自信影响了你。记得我刚开始从事销售工作时，有一次，我去一家旅行社询问到拉斯维加斯度假的费用。我随手拿起一本《夏威夷旅游指南》，一位销售员走向我，问道：

“你去过夏威夷吗？”

“只在梦里去过。”我回答。

“那么，你会爱上夏威夷的。”她说。当她出示一些简介资料让我看时，她热忱的服务态度给我留下了深刻的印象。她画了一张生动的画，并告诉我说，我和妻子一定会在那边的海滩玩得很愉快。她以极具说服力的口吻说：“这趟旅行将会让你永生难忘！”

当她看出我对她的报价表现出退缩的反应时，她反而镇定地说：“吉拉德先生，您上次度假是什么时候的事了？”

“我记不清楚了。”我表面上这样回答，其实心里并不愿意承认那是好几年以前的事了。

“您亏待了自己和您的夫人了，”她微笑着说，“生命太短暂了，像您这样努力工作却不给自己奖励是不行的。况且，度完假回来后，您的状态会很好，会销售更多的车来弥补这次的花费。我确信您回来之后，会继续一路往前冲的。养精蓄锐一番，您会有意想不到的效果。”

她说得那么有信心，使我毫不犹豫地决定去那里度假。然而，走进旅行社之前，我完全没想到要去夏威夷。

帮助客户做决定

有些销售员并不了解，帮助客户做决定是他们的任务之一。是的，现在你听到了，你的工作内容包括协助客户做决定。第一，你必须告诉客户产品有何好处，为何值得花钱去买；第二，你必须帮助他们做正确的购买决定；第三，你必须服务他们（关于这部分，我将在销售的内容中详细探讨）。

总而言之，如果你让客户倚墙观望，而无法让他们做决定，你就等于做了一个没有成交希望且不周到的服务。试着回想一下，你曾经进入一家汽车展售中心打算买辆车子。1 个小时之后，你很困惑地走出来。或许，你甚至不清楚是什么原因让你困惑，但是你确实是感觉失望和没有成就感。你浪费了宝贵的时间，而且不觉得比走进去之前好。我个人认为，不管是什么时候，任何人走进一家零售商店，若空着手走出店门，他或她多少都会有失望的感觉。同样的道理，销售员拜访客户，客户为此将其他事情推一边，目的是希望问题能得到解决，如果这次的销售无法成交，就表示客户的问题没有被解决。举个例子，某位药剂师很希望将账目和客人的处方用电脑处理。他知道其他同行因为这样做而节省了时间。再者，他了解到这个决定不能再拖延了，因为手动的旧式运作系统已经无法做好工作了。他已准备好要买电脑，并且急切地挪出一段时间，好让电脑公司的销售代表为他做1～2个小时的介绍。但是这位代表做了很差的销售介绍，使得这位药剂师很困惑，以致他迟疑后打消了购买意愿。在这种情况下，我们可以去想象一下他的挫折和失望会有多大。

另外一个让你的客户拖延做决定对他们来说不公平的理由是，拖延做决定常常会造成不小的损失。在前面提到的药剂师的例子里，沉闷、手动的旧式运作系统效率非常低，而且耗费了很多时间。

在帮助客户这个主题上，某些拖延是因为客户需要与第三人商量。譬如，事业上的伙伴或配偶。这种类型的客户会说："我必须和我老婆（伙伴）商量看看，我们会一起研究你提供的资料，明天再联系你。我真的很想买，可是，你是知道的，不和老婆（伙伴）事先商量的后果会很惨。"

当然，如果太太能在场的话，情况会比较好。但是这种事情你无法每次都事先知道，往往是问题来了才知晓。然而，如果你已确知客户没办法做决定，我建议你这样回答："我很了解您的情况，但是有一件事情我坚持要为您服务……"

"什么事？"他问。

"我想今晚到府上拜访，并让我有机会向您夫人说明，这是我的专业职责，而且我不在场的话，您可能无法对她的问题做出完整的答复。在她没有完全了解实际情况时做决定对你们来说都是不公平的。"

像这样的例子，你一定不希望一位好心的客户来代替你做销售介绍。试着想象一下一个未受训练的人来做这份工作会有多少说服力。让客户代替你销售产品给第三人又会有多少效果？另外还有一点要注意，当你为第三人做销售介绍时，务必从头到尾做一次完整的介绍，千万不要省略。

避免拖延的预先布置

我曾在本书的第 5 章中提到过这个技巧。在那一章中我告诉你们让所有能做决定的人都在场倾听销售展示。运用类似的方法，你应预先布置，使客户和他的伙伴或妻子能同时在场。在做说明之前，你应该面对客户并向他们表示在你做完所有的说明之后，希望他们能做决定。

举例来说，在做说明之前，我已经和一位客户做了些交谈，我和他说："跟您这种人谈话真的很愉快，在这里能遇到有能力做决定的人是一种享受，您绝对不会相信，来这里的人多数都太懦弱而无法做决定买一辆车子。"

你看到我做了什么吗？**我预先让客户知道我希望他能做决定。**一旦他同意我的看法，认为大多数的人都怯懦于做决定，我便在他的心理场景中设定他扮演一个决定者的角色。对客户来说，在说明结束后，如果他要告诉我他也属于那种不能做决定的人，他是非常难堪的。

在销售的最后阶段，另一种预防拖延的方法是强调时间的宝贵——客户的时间和你自己的时间。例如，保险销售员拜访商界客户，一开始或许会这样说："很高兴遇见您这样的女性，丽塔。据我所知，几家速食总经销店的老板都像您一样非常忙碌，因为我了解您的时间很宝贵，所以我会直接切入主题。我相信您了解我的时间也同样宝贵，因而，在此前提下，我会详尽地介绍有关本计划的所有情况，若有任何问题，我很乐意答复。任何时候，您若觉得这项保险计划符合您的要求、预算，请告诉我；相反，您若觉得不合适，也请让我知道，以便让我有个准备。但是，我真的希望您今天能做决定。这样合理吗，丽塔？"

在另一种情况中，销售员可能对某位主管人员说："现在，在开始之前，您就是我该商谈的人，是吧？"接着他又说："现在我需要知道，您是否有权力在今天做决定？"当然，客户的答复如果是否定的，那么销售员就知道自己没有必要做产品介绍了。

甚至挨家挨户卖吸尘器的销售员也可以有效地利用这项技巧向客户说："让我们事先说好，苏珊，有件事我想您一定会喜欢，我不是那种紧盯人的销售员，所以您不必担心我会要您买不喜欢的东西。我今天要做的是示范这种吸尘器，并让您知道您的朋友、领导都受惠于此。您若觉得它可以让您生活更轻松，而且您可以负担得了，我希望您能买下来，成为我们的客户。如果您并不觉得如此，我就不希望您买它，可以接受吗？"

在销售说明前就被要求做决定的客户通常很少有不同意的。如果在与客户接触的一开始就这样做，在该做决定的时候，拖延的可能性就已减到最小了。

满足客户的自尊

在本书第 4 章中，我们探讨过“自尊”这个主题。满足客户的自尊，在销售的最后阶段是很有用的。在销售展示中，**你除了做好在事前让客户能做决定的准备外，同样地，你还要让客户觉得他自己很重要。你可以通过满足潜在客户的自尊心或虚荣心来达到目的。**

如果销售员能善用这种技巧，很少有客户会不受影响。例如，卖侦测器材的女销售员向一位男士说：“我见过一些市区里优秀企业的主管，所以我知道像您这样的高级主管，时间是很宝贵的，米切尔先生，我相信您也同意这点。”

“没错，小姐，时间就是金钱。”米切尔傲慢地回答。

“我了解您的时间很宝贵，所以我会尽量节省您的时间，因此我也希望您今天能签下订单，以便您在星期五可以收到机器。”

“很好，不过我今天下午要搭 4 点 30 分的飞机离开这里，未来三天都会在路途中，所以我今天真的不想做任何事，并且我还有一项重要的会议要参加，是有关我们公司的一个重要契约。你给我一份说明，我会在飞机上看的，卡罗尔……”

“我知道您有很多事情要处理，米切尔先生，像购买侦测器材这种相对来说不重要的事，您是没有时间去想的，甚至没有必要让它来打扰您。所以，您在路途中就可以开始进行订货程序，我保证下周您回来的时候，就可以开始使用机器了。”

“这样很好。”

“那么请您在这里签名，米切尔先生，这里也是一样。”她说。她掌控了这项销售。

另一位房地产女性销售员的销售对象是一位正在进行乔迁的主管。她对他说：“格林先生，在您的职业生涯中，到目前为止搬过几次家？”

“信不信由你，在过去的 18 年中，这是我们第 11 次搬家了。”

“那么您是个行家啦！”

“简直如探囊取物。”格林先生微笑地说。

“太好了，和像您这样熟悉搬家过程的人合作起来，会比与一个从没有搬家经验而且太太不在就不敢做决定的主管合作要好得多。”

我曾经运用这种类似的方法来建立女性的自我。我会说：“我很欣赏今天的女强人，她们有能力做决定，这对上一代的女人来说，是根本想不到的事。”

“你说得很对，吉拉德先生，”有位非常年轻的女性告诉我，“你知道吗？我母亲这辈子从来没有走进过任何一家汽车经销店。”

同样的方法也能被有效运用在一个比销售员长几岁的客户身上。销售员以自己的年轻作为有利点，对客户这样说：“我喜欢和您这样有经验又有决定权的人谈话。您知道，现在有太多年轻人不知道怎么做决定。”

你可以将这种策略实际运用到客户身上，满足他高度的自尊心。自尊不限年龄、性别，也不只是居高位的人才会有。

“我再考虑考虑”

在本章的最后，我将探讨客户在销售说明结束后，向你声明“我再考虑考虑”时，你要如何回应。拖延是大部分人都有的倾向，相信你从你的客户身上就可以看得到。除非你有技巧以高百分比的成功率结束销售，否则成交的机会有限。

当一对夫妻想考虑一下时，一个我很喜欢的回应是：“你们知道吗？我和妻子就像你们两位一样。”

“真的吗？”他们回答，“怎么一样了，乔？”

“我们也喜欢在做决定前一起讨论。我希望你们想想看，我从来都不喜欢让我的客户感觉有压力。事实上，我宁愿不做这笔生意，也不愿让你们觉得我在使用高压策略。不过，千万不要误会，我还是想做你们的生意，但是让你们走出去时有好的感觉，对我来说很重要。”

“我们很高兴你这么想，乔，老实告诉你，我们从来不向用高压策略的销售员买车。”

“很高兴听到您这么说。我希望两位能慢慢考虑。”之后我就闭嘴，回到座位上。

“嗯，乔，嗯……你介意吗？”其中之一开口说，“我们不想这样。”

“天啊！对不起，是的，当然，我懂你的意思，你们想私下谈谈，是吗？”

“是的，乔。我们要想想看。”

“当然，你们继续，”我会这样回答，“我会在隔壁办公室打个电话，需要我就叫一声，慢慢来，不着急！”

当然，我知道“想想看”对他们来说不止几分钟，他们指的是好几天的意思。我会给他们 10 分钟，然后说类似这样的话：“告诉你们一个好消息！我刚才得知，我们的服务部门今天下午会将您的车准备好……”看到我如何掌控状况了吗？

通常一句恰当的引用语就会触发客户做决定。有句老话说：“今日事，今日毕。”或许这是最明显、最常被使用的话，但即使如此，若在适当时机使用，也会产生效果。**适时的引用语之所以会有效果，是因为那就像一位聪明的第三者以仲裁者的身份加入，并说出客户的心声**（自然也符合你的观点）。我看过很多例子有可能因为销售员适时的智慧之语而让情况好转。

如果要使用引用语，我建议选那些让你显得令人有好感的引用语。以下是一些传达善意信息的语句，简直像为拖延者定做的。

- 所有可能的阻碍都要被克服，否则什么都做不成。

——塞缪尔·约翰逊（Samuel Johnson）

英国文学界领袖

- 不要等候；时机永远不会刚刚好。从你站的地方开始，就运用你手边的工具工作，在此期间你会发现更好的工具。

——拿破仑·希尔（Napoleon Hill）

《思考致富》（*Think and Grow Rich*）作者

- 没有异象，民就放肆。

——《圣经·箴言》

- 明天绝对不会比前天好。

——普布里乌斯·西鲁斯（Publilius Syrus）

古罗马拉丁文格言作家

- 如果你已知道所有该知道的事实，做决定就不是一件困难的事。

——小乔治·史密斯·巴顿（George S. Patton Jr.）

第二次世界大战著名美国将军

- 千里之行，始于足下。

——老子

中国哲学家及道教创始人

- 好的开始就是成功的一半。

——贺拉斯（Horace）

古罗马诗人

我建议你将这些及其他引用语整理好并打印出来，随身放在皮夹或公事包中。有时候打印出来的字会比说来得“正式”，而且你无须背诵，只要抽出来给客户看就可以了。

有一点你必须了解，客户无法做决定是因为你没有说服他们，你现在得马上采取行动。请记住，**有个方法经常被成功的保险销售员使用，那就是将早做决定和晚做决定进行对比，并体现前者的优势。**

客户告诉销售员：“我再考虑一下。”

销售员回答：“如果我给您一片羽毛，请您放在皮包里，您到哪里都必须带着它，您会感觉到它的存在吗？”

“当然不会。”

“那如果我给您的是一团羽毛，让您放在皮包里，同样随身携带，您很可能会察觉到它，是吧？”

“那肯定会的。”

“好，现在我们再想得更远，布鲁斯。假设我给您一个特大号的羽毛枕，让您随身带着，您会不会觉得相当累赘？”

“那当然，可是你要告诉我什么？”

“这笔小小的保险费按您现在的年纪来说，不会对您的账本或生活水准造成明显的影响。如果您选择几年后再投保，您的负担将会加重，再过几年，又会加重。难道您看不出，现在您负担最轻，这就是最好的时机吗？”

最后一项克服“我再考虑考虑”这种障碍的技巧就是单刀直入，

不多说废话。这一招很有效，几乎销售任何产品都可以使用。

“听着，杰克，我们已经花了几小时的时间，你我都知道，这辆车绝对适合您，况且价钱也很划算，您没有理由今天不买它。所以今天这笔生意非得成交，您才能出这大门，现在就签约，好吗？”

第 7 章

掌控销售过程

大多数人在想到掌控销售过程时，心中立刻浮现出的画面是销售员利用控制和胁迫等手段达到销售目的。只要想到销售员坐在那里用他的销售技巧虐待客户，我就会毛骨悚然。我无法想象任何销售员可以侥幸做成这笔生意。客户应该是被珍惜的。

然而，**我相信销售员必须能够掌控销售过程，如果不能，到了成交时很可能产生问题**。事实上，如果销售员不能掌控销售过程，我不认为他会有成功的销售生涯。

师生关系

我像关怀学生的老师一样，尽力服务客户，让客户知道我把他们最大的利益放在心上。我告诉他们我所销售的产品的益处，然后指导他们做购买决定。当然，有时候我必须给某些客户较多的教学，然后指导他们做购买决定。对于某些客户，我的销售展示像钟表一样精确运作，宛如我和买主都照着同一剧本演出；然而对于其他客户，我就必须推动他们做购买决定。通常他们想买，又舍不得花钱。如果我让这些销售展示失控并缺乏管理，就等于不忠于我的工作。如果客户迟疑而无法做决定，我会觉得我好像在虐待他们一样。

然而，我比较喜欢和客户建立师生般的关系，你也可以依循相同的方法，将这种关系看成父母和孩子或神职人员和信徒之间的关系。销售员在这样的关系中是一种权威的角色，如果适当加强，有助于客户对你产生尊重和钦佩。很少有销售员能获得这样的地位，但我相信这个地位是销售员应该追求的目标。

一位顶尖的人寿保险销售员巧妙地用这种控制方法来服务他的客户，而且客户非常欣赏这种方法。就像教授教学生一样，这位销售员说："过去几年，企业界有许多变化，如果您不反对，我想要花几分钟评论一下和您处境直接相关的几个问题……"在这段开场白后，销售员可以接着向客户解释一般寿险的益处，分析买定期寿险和其他险种的利弊等。"现在，让我告诉您我认为您应该知道的重要税务修正法则。"他继续说道。

稍后在销售展示中，销售员会补充："我想问您几个问题好知道您的情况，这样我才能给您一些建议。"在此，他的问题可能是："您的工作属于哪一类?""您有没有准备孩子的教育费?""您有没有想过万一您发生意外等，房屋税金怎么缴纳?""过去五年您有没有因病住院?"你有没有注意到，即使在销售员问问题时，也会让人联想起老师给学生的口头测验，**如果你能适当使用这类控制，表示你已经拥有高层次的专业销售能力。**

运用“控制”战术

我曾经和一位客户发生过正面冲突，我可以确信的是他希望我集中精力在他身上，于是我封锁所有思绪，不让其他念头分散我的注意力。那时，我和他握手言欢，还进一步引荐我自己，然后没有事情可以引开我对客户的注意力。即使五辆消防车从展示间旁边疾驰而过，我的头也不会转过去。我举这个例子，是因为我观察到其他销售员听到警报器或汽车相撞的声音后会冲到窗户旁看个究竟，我也看过其他销售员在展示间旁边赞美客户有一双美腿时，眼珠子都快掉出来了！如果我住在西海岸，大地震也无法让我和客户分离。

为什么我要这样控制呢？因为刚入这行时，我这样强制自己把精神集中在客户身上，观察和倾听他做出来的动作和发出来的声音。但我必须承认，我无法一直这样对待客户，并非我不想，而是我没有觉察到外界分散了我的注意力。

幸运的是，我只失去一笔生意便吸取了这宝贵的教训，在那几年中，我做成好几笔意外的生意。记得很久以前，一位白手起家、只读过几年书的成功的承包商到我办公室来，他有兴趣购买各种设备俱全的高级车。在销售当中，这位男士开始告诉我他儿子吉米上密歇根大学医学院的事，很显然，他以他的儿子为荣。但当他告诉我的时候，一群站在我办公室外面的销售员抓住了我的注意力，他们大声喧哗地聊天。当我倾听那位男士谈他儿子的事时，我没有关上门，我无法不去听他们传来的谈天说地的声音。当这位客户向我夸耀他的儿子在校成绩优良、参加体育竞赛等有杰出表现时，我不停地打哈欠，虽然这种举动令人不快，但是，我想他还是会觉得我好像已听进他所说的每句话。

然而，等到我们谈到他适合买哪辆车时，我发觉这位客户态度变得比较冷淡。他突然站起来对我说："吉拉德先生，我们谈得够久了。"他丢下这一句话就走了。我们的对话就此结束。没什么好再说的！

每晚我回到家中，都会反省当天的所作所为。那天晚上这个特别的销售展示经验在我脑中挥之不去，于是我决定打电话到客户家里，了解我究竟哪里做错了。

"那天发生什么事了，"我问他，"您怎么会匆匆离开？"

"没什么，"他回答，"只是我想向别人买车。"

"您说什么？您为什么要这么做？"我问他，"我觉得和您做生意很可怕。"

接着我虚心地问道："我做错了什么吗？"

"你怎么会问我这个问题？"他答道。

"我一直在检讨过失，假如我说了什么冒犯您的话，我想知道，以免下次重蹈覆辙。"

"我会告诉你哪里做错了，吉拉德先生，"他以坚定的口气说道，

“你一直看着门外，显然听那些销售员说笑话比听我讲我儿子的事有趣得多。我感到很生气！”

我说不出话来，谈话也停顿了，原来问题出在我身上。我不但无言以对，还以自己为耻。接着我低声告诉他：“您说得一点也没错。您知道吗？我不配得到您这笔生意。在您挂电话之前我想告诉您，我认为您的儿子吉米的确值得您引以为傲，听起来他是一个优秀的年轻人，我确信日后他会成为一名出色的医生。我真心感激您刚才告诉我那番话，因为我学到一个宝贵的教训。我只希望有一天您会再给我一次机会。”

两年后，他来经销店看我。“好吧，乔，”他说，“我要再给你一次机会。”我不仅卖了一辆车给他，而且卖了一辆车给他的儿子吉米。

几年以前，一位年轻的女销售员请我评论她对客户做的销售展示。“我一定哪儿做错了，乔，”她说，“但即使要我的小命，我也想不出来是哪里出错了。”

我发现她的销售展示做得很完美，她说得完全正确。她顺利收场，而且信心十足。尽管如此，她没有成交。

“哪里出错了，乔？”她问我，“那位先生需要一辆新车，但他没那么多预算，于是我给他一个优惠价格。我什么地方失败了？”

“贝蒂，你每件事情都做得很好，我认为你表现得太棒了，但是你犯了一个致命的错误，我敢肯定你一点也不知道。”

“是什么？”她兴奋地问道，“我要知道。”

“我数过，你一共看了 6 次表。每次你看表时，你的客户似乎都安静了一些。他心里可能在想：‘她宁可看表，也不愿跟我说话。’其实，如果你真的想知道时间，为什么不挂一个大时钟在墙上，你就不必这么明显地看时间了。千万不要发信号给你客户，让他觉得你急着赶他走。”

“老实说，乔，那天我根本不在乎几点了。那只是我以前的坏习惯。你说得没错，我以后不会再犯了。”

她热烈地拥抱我，感谢我给她的忠告。几个星期后，她打电话给我，告诉我那次以后，她的销售工作顺利无比。

电话留言

在进行销售展示时，除了把门窗关上外，我也会跟总机接线员说：“我正在开会，请务必帮我电话留言。”这么做不仅使客户觉得自己像重要人物，而且可以避免打进来的电话中断我们的谈话。**我保证你一去接电话，客户的态度马上会冷淡下来。**我无法想象在进行销售展示时，销售员竟然还能接电话，但这种情形屡见不鲜。你见过律师在辩护时接电话，或者外科医师开刀开到一半跑去接电话吗？所以，销售员也不应该接电话。

当销售员对我说“对不起，我马上回来”后就跑去接电话时，我会真的动怒。通常他会讲上好几分钟的电话。在我气冲冲地离开这里之前，我对这些无礼的销售员惯用的回答是：“我不明白你这么做的理由是什么。我花时间到你们店里买东西，为何打电话来的那个人比我重要？”无论如何，销售员把时间留给打电话来的陌生人，然后和客户发生冲突，实在说不过去。

同样的道理，当你在客户的办公室里，我认为这么说是适当的：“我要向您说明的是很重要的内容，能不能请您告诉秘书先帮您电话留言？”当你有礼貌地请求客户时，大部分的人都会照你的意思做，这样就可以避免不定时的电话干扰你的销售展示。这些干扰也会让你的客户感到麻烦。

背景调查

很多销售员认为，只要不让客户有插嘴的机会，便可以掌控销售过程。事实上，这种想法是相信只要讲赢客户，自然可以做成一笔交易。我完全不同意上述说法，理由有三点：第一，你可以问客户问题，借以了解他们需要的是什么；第二，问问题是一种诚意的表现，它表达出你渴望帮助客户；第三，事实上，如果问题问得恰当，客户也会帮你维持销售展示的进行。

不管你销售的是什么产品——汽车、电脑、房子、保险、证券，你都必须提出许多问题，进而了解客户的需要，否则，等你做完销售展示后你还是弄不清楚状况。这并不表示你要放弃对销售展示的掌控，让其他人发言。认为销售展示是单向沟通的人，事实上一点也不懂销售技巧。**销售展示应该是双向沟通，你的责任是使客户舒服地参与其中。**如果你能做得恰如其分，你就不会失控，你反而会得到这笔生意。

正如辩护律师盘问嫌犯一样，你也可以问客户问题，得到他们的答复，进而控制销售展示的进行。例如，一位房地产经纪人拉着某对夫妇到镇上到处看房子，虽然这是他分内的工作，但他们可能一点兴趣也没有。因此，在带他们看第一栋房子之前，他可以在办公室里先做个基本调查；或者在出发看房子前，先在电话里了解客户的购房条件。

“您有几个孩子?”经纪人问，“他们多大了？您准备让他们上公立学校还是私立学校?”

“您现在的房子是自己的吗?”

“它现值多少？抵押金额以外的财产价值有多少?”

“您有兴趣购买的房子的价格上限是多少?”

“您有没有特别喜欢某种类型的房子?”

“您想要几间卧室?”

“多大面积比较吸引您?”

“需不需要靠近公共车站?”

“您想要买一层楼还是两层楼的房子?”

“您现在的房子已经卖出去了吗?”

“您希望多快搬进新房子?”

这位经纪人问完一长串问题之后，他会告诉客户：“让我查查看现在房屋市场上有没有您要的房子。我有几个构想，相信您会喜欢的。如果您愿意，我们下午去看几处房子好吗?”

一个小时后，经纪人打电话告诉客户："根据您提供给我的购房条件，小镇北边有四栋房子我想您会有兴趣的。"然后，他安排大家都方便的时间去看房子。

如果这位经纪人接到他们的第一通电话就说："过来吧，我带你们去看几栋房子。"你能想象那对夫妇的反应吗？他们会认为："他根本不知道我们要什么。他怎么可能满足我们的需要？"这就像医生问初诊病人："您哪儿痛？"当病人告诉他胃痛后，医生接着说："让我们把您肚子切开，动个手术吧！"

我认为**不了解客户的需要就预存意见的做法是既天真又严重的错误**。在汽车销售中，企图销售一辆特殊车型给客户，却没有事先了解他的喜好，也是非常愚蠢的。举例来说，我不会因为当天经销商打算脱手，就把一辆绿色双门轿车强行销售给客户。家具销售员也不会把一组六件式的沙发推销给刚从街上进来、完全陌生的客户。

提问题是获得客户资料最可靠的方法。提出相对论的伟大物理学家阿尔伯特·爱因斯坦（Albert Einstein）曾经说过："世上最重要的事是不要停止发问。"英国作家兼诗人吉卜林（Kipling）写了下面这首诗，我把它压在书桌的玻璃下面。

> 我养了六个真诚的仆人。
>
> 我知道的一切都是他们教的。
>
> 他们的名字是什么（What）、为何（Why）、何时（When）、
>
> 如何（How）、何处（Where）和何人（Who）。

专业的销售员可以通过实情调查获得他们需要的资料，事实上，调查意味着要针对客户提出一系列问题。通常，第一个问题应该是一般性的寒暄问话。例如，当我初次见到我的客户时，我会很自然地介绍我自己："嗨，我是乔·吉拉德。"然后我会再加上一句："您的大名是……"你注意到没有，我毫无胁迫语气。用这样的方式作为开场白，客户自然会报上他们的姓名。有些销售员一开始就会问客户一连串的问题，有些销售员则会经客户同意才这么做。这两种方式都没错，我的建议是选择你觉得最舒服的方式。如果你想征求客户同意，只要说："您介意我问您几个问题，以便让我了解您的需要，同时知道该如何为您服务吗？"

开始的时候，我建议你问一些一般性的问题。以下是不同行业的销售员的典型问题。

电脑公司业务代表：	"告诉我你们公司是做什么生意的。" "你们现在使用哪种系统？" "你们希望公司的电脑系统具备怎样的功能？"
保险经纪人：	"告诉我您买人寿保险的基本观点。" "告诉我您的家庭背景。" "告诉我您现在的保险计划。"
股票经纪人：	"告诉我您过去的投资情形。" "您对于股票收益和资本获利潜力有何看法？" "您的财务目标是什么？"

提这些问题的目的一方面是要调查客户的需求，另一方面是使对话能继续下去。当然，客户告诉你的资料将帮助你决定销售展示的方向。

稍后你可以问得更详尽些，以便得到客户明确的说明。继一般性的问题之后，你可以提出下面这几则详细的问题。

电脑公司业务代表：
"你们目前的库存盘点有哪几类问题？"
"处理你们的薪资账册要花多长时间？"
"你们希望这个电脑系统为几个工作站服务？"
"你们希望你们的电脑系统可以处理多少笔账目资料？"
"你们制造工厂的资本额有多少？"

保险经纪人：
"您现在负担的人寿保险费用总计多少？"
"您目前付的人寿保险金额有多少？"
"您退休后有什么计划？"

股票经纪人：
"您持有多少有价证券？"
"您不想买免税的地方公债吗？"
"您想不想买可以以倍数利润卖出的投资股？"
"您认为用余钱购买如何？"
"您觉得投资多少比较适当？"

在上述例子中，**销售员可以先从各式各样的话题开始，再把目标锁定在特殊的问题上。**最初那套探索性的问题会引出更关键性的问题，把这些都搭配好来引导你的客户。我认为销售员提出的问题应该单纯化。没有必要给客户留下见多识广的印象，然后对比出他不懂的有多少。同时，避免使用会把客户弄糊涂的行话、专业术语，说和客户相同的语言。不要用炫耀自己很聪明但客户所知有限的方式来压倒客户。提出不具威胁性、容易回答的问题，如果你的问题较敏感或涉及私事，开头你得解释为何要提这个问题。

请注意，在上述例子中，电脑公司业务代表一开始便询问客户的行业和需求。过后，他再将注意力集中在有待解决的特殊问题上。保险经纪人和股票经纪人也遵循类似的解决方式。在每则例子中，销售员在客户积极地参与对话后，再慢慢进入比较困难的问题。

我在前面几章强调过，"倾听"是销售中重要的一部分。实情调查亦然，它比倾听更向前一步——你必须尽全力吸引客户加入对话。毕竟，有些人在自由交谈时相当自在，有些人则需要别人的鼓励才愿意把嘴张开。为了达成目标，你应该询问"意见性的问题"，例如"对于……您有什么看法？""您同意我说的……吗？""您是否想过……"

销售员对这类问题的需求比较多，他们可以用这类问题吸引客户加入讨论。你提出问题后得保持安静，让客户有足够的时间回答。在此提醒你，对话中间的停顿是正常的。客户完成一个问题后，建议你保持片刻沉默——在客户表达其他想法前，他可能需要沉思。

在适当的实情调查完成后，你已经具备相当高层次的专业水准，这是普通销售员无法企及的。你变成一名权威的销售员后，就会开始扮演顾问的角色，不再只是销售员而已。这么做，你就可以把握销售过程了。

建立你的权威

你应该知道当我说“建立你的权威”时，我并没有暗示你应该自大或紧绷着脸。那不是我的风格，如果你用这种傲慢的态度去做销售展示，你会把现场的气氛弄得一团糟。

我强调的是，你应该对自己的产品和相关知识有透彻的了解，如果你真的专业，你的客户会知道，你不必摆出大场面来示威。**如果你是一名专家，那么你不仅可以赢得客户的尊重，而且可以对销售展示有较佳的掌控，客户只会尊重专家的意见。**

例如，某位房地产经纪人不必炫耀自己比镇上其他经纪人更了解这行，由她驾车从这区到那区看房子的行动上便可以看出这一点。同样地，当她带着客户看房子时，她的客户也能辨识她不是毫无经验的生手。如果她做好家庭作业，客户会知道的。同样地，在她的销售展示中，当她和客户谈到抵押一事时，她在金融上的专业知识可以让客户放心，因为她能在贷款方面提供专业服务。她用专业知识来建立她的权威，这是无法仿造的。成为这一行的专家是要付出代价的。你必须努力用功，对你这一行的各方面知识敏而好学，才能达成所愿。

人寿保险公司的经纪人也必须付出努力，谈吐间才能有权威的样子。现代的保险经纪人不仅需要拥有丰富的产品知识，而且要了解相关的法律和纳税问题。他在这两方面的能力对于推销寿险是很重要的，否则他无法帮客户解决遗产计划及合伙人买卖契约问题。更重要的是，他的机敏可以赢得老练客户的尊敬，他们会信任他的专业能力，听从他在决定险种与投保金额方面的建议。

当销售员被认定为这一行的专家后，他们在定期拜访客户时，就可以适度增加销售量。例如，医师们会采纳医药用品销售员的意见，而这一行的专家更会赢得他们的信赖。

不管你推销的是什么东西，客户都尊重专家的意见。在现今的商场中，每个客户都想和专家打交道。一旦你被认定是专家，客户会放下手边的事听你说话。我相信，这是控制销售展示最好的方法。

你曾经注意到有些销售员用想象头衔的方式来达成当专家的目的吗？他们的名片上印的不是“销售员”这几个字，而是“顾问”“管理人”“指导”等。每个人都会使用一些称谓，包括刚入行的销售新手都可能有印上“副总经理”头衔的名片。当然，头衔本身不是万灵丹。即使夸张的证件能让你进入客户的大门，客户早晚都会发现你对这一行究竟懂多少。

你或许见过几次销售员再度造访时，是带着他的上司一起来的。“这位是托马斯先生，我们的地区副总裁，他想要介绍一些有趣的资料给您……”客户通常愿意听大人物讲话。如果这位上司的确是个行家，他很可能会全盘掌控销售展示的局面。如果他名不副实，他和销售员两人很快就会遭到唾弃。如果导致这样的结果，那么他们是自作自受。

当客户问“它值多少？”时该如何回答

销售员多半不愿意客户询问他们产品的价钱，除非他们准备报价了。很显然地，你不想报价，除非你必须表明产品的价值。**只有当客户同意产品物有所值时，他才会把钱掏出来。**

基于这个理由，我本能的反应是不理会客户第一次的要求，我会继续做我的销售展示，就当这些问题从未被提出。我表现得宛如我没有听到他的问题，我依旧推销我的产品。如果客户又问了一次，我会说：“我马上告诉您。”然后我会继续我的销售展示，等我认为公开价钱的时候到了，我才会向他报价。

第三次他再问的时候，我会告诉他：“我会告诉您的，但我要您清楚地知道您将花钱买这项产品，因此您必须确知您买的是好东西。”我用亲切的态度说道：“现在，别再担心产品的价值，听我继续说。”

最后，我在向他报价时会吊他的胃口说：“我知道您重视产品的价值，因此我知道如果您了解到这是一个便宜货，您将勃然大怒。”停顿一会儿后，我继续说：“好吧，现在是您等待已久的重要时刻……”

我把价钱写下来递给他，趁他还没开口说话，我满脸笑容地问他：“之前我不是表明我会好好照顾您吗？”用这种方式报价，通常客户都会同意。

不妨偶尔拒绝客户的请求

当你想要掌控销售展示时，你绝对不会希望看到客户坐立难安，甚至出现愤慨的表情。请记住，有时拒绝客户是相当棒的做法。事实上，当我说“我很抱歉，但我们没有那种特色的商品”后，我会把他说的几项要点记下来。即便客户需要的商品我没有，我也不会贬低他提出的意见。批评客户的判断或品位会让他有受辱的感觉。当客户情绪低落时，你也别想做成这笔生意。

由于懂得何时和用什么方法说“不”，客户常常会告诉你：“哦，没关系，乔，没有它我还是可以活下去的。”如果你和他们辩论，他们就会开始大发雷霆了。

顶尖的谈判高手深知这个教训，他们经常故意被“捕获”，让对方在自己身上投进几个套环作为妥协。这个道理同样适用在销售上。使客户觉得他好像赢了一点点，他会觉得愉快且放松心情；相反，如果每次你都让他难堪，他会生你的气。我认为让他占点上风并不要紧。此外，依照我的想法，当你在适当时机说“不”时，反而会帮你争取到成交的机会。

第8章 成交试验法

“你曾经厌烦长年都在销售汽车吗，乔？”有些客户问我。

“从来没有，”我答道，“因为每次销售展示的情况都不相同。”除了车种不同外，每年推出的汽车也有许多新的造型。更重要的是，客户完全不一样。

同样地，每成交一笔生意后，我会感到紧张。**对我来说，每次的经验都是截然不同的，这使我的销售工作充满了挑战与刺激**，尤其当一位怀疑论者进入展示间，成为我的忠实客户后，我更是高兴。此外，我也喜欢即刻的满足感，因为销售展示之后，我的表现可以立刻从客户的脸上反映出来。只要我表现优良，我会为我付出的时间和努力赚进大把的钱，没有任何东西比直接的佣金更能激发工作情绪了。每天工作结束之后，我也知道自己愉不愉快。我只需要看佣金支票的面额，就知道自己的表现可以拿几分，而赚取佣金的唯一通道就是成交。

然而，我认为销售员必须配备各种不同的销售武器，才能有像样的工作表现。成交一笔生意需要花费相当长的时间，因此把这些销售武器用在每个人身上吧！如果你只有一套成交法，就好比只知道用一种力量挥拳猛击的重量级拳击手进入拳击场与世界重量级冠军交手；或是只投一次快速球的投手。要成为赢家，投手必须有好几种招式——曲球、变速球等。

就像棒球联盟的选手站在投手板时要通过看对方是谁在打击、谁在垒上、现在得分多少等来决定该投什么球一样，你也必须储备一些成交法，才能在所有特殊的销售展示中顺利取得订单。例如，某种成交法可能对一位抱怨买不起你的产品的客户管用；另一种适用于要回家和太太讨论的拖延型客户；还有一种则对打听行情的客户最有用。此外，当遇到犹豫不决的客户，我初次的成交法发挥不了作用时，我还会继续扔这种球，直到我确定他今天会不会购买为止。我不像其他投手在打击手上垒前只能投四球。我并没有规定自己投四球后就停止尝试。

我不敢想象如果我只用一种成交法销售我的车子，我的销售生涯将是多么暗淡无光，因为在我的记录中，我做成的大部分交易都是在第一次尝试成交失败后完成的。

本章包括好几道成交的自助餐，你可以选用对你销售生涯有帮助的。或许你已经熟悉其中几种成交法，因为我不能公然宣称每种方法都是我独创的。事实上，许多成交法是由其他销售员想出来的，而且已经过多次的改变。我只是在这里加几笔、那里加几笔而已，这样的做法你可能也会。这几个方法没有专利权或著作权，因此我建议你检视下列的成交法，并选择最适合你的。

假定成交法

本书第 3 章“假定成交”对假定成交法进行了深入探讨。让我提醒你，这是最常见的成交法。然而，使用它只能帮助你在销售展示时不再羞怯。我建议你使用它，是因为它的确很管用，别和成功过不去。老实说，我不认为《怎样成交每一单》这本书在没有大力强调假定成交法的情况下可以达成它的目标。

再者，假定成交法是通过对客户购买产品的期盼运作的。若想处理得当，你的心理背景必须适应订单的记录。仅此而已。没有其他选择，也不需要征求客户同意，因为你已经假定他在购买了。

在美国，销售员在完成交易前，最常使用的方法是问客户：“您要付现金、开支票，还是刷卡？”让我们分析这个问题，因为通过了解，你才能掌握假定成交法的概念。

任何销售员——旅行社业务员、商店店员、办公设备销售员等都能询问这个问题，它忽视客户不购买的可能性，而且它不具有攻击性，它是既单纯又直接的问题，客户必须同意购买你的产品才能回答这个问题。

假定成交法令人喜爱的特色在于：在每次的销售展示中，你都可以重复使用。例如，如果客户不回答或者告诉你“我想到处看看”

时，你可以继续推销，稍后再使用这种方法。在下列电视零售店的例子中，请注意假定成交法如何发挥它的作用。

销售员：“您想付现金、开支票，还是刷卡？”

客户：“我得再考虑一下。”

销售员：“我知道您喜欢它的遥控功能。您会觉得以前没有电视也能过活简直不可思议。”

客户：“我同意，但它是一个选择，这些年来我的生活中的确没有电视。”

销售员：“它不能任意选择，它是标准配备，因此您不必支付额外的费用。我们只有这种型号。早上送到您府上是否合适？”

客户：“下午比较好。”

销售员（正在填写订单）：“您的地址是……”（请注意，这种叙述方式可以让客户自动告诉你他的地址。）

订单填完之后，销售员再度提出刚才的问题：“您想付现金、开支票，还是刷卡呢？”用这种方法，你可以假定、假定、再假定。

假设性叙述询问法

使用这种方法，销售员可以用段落式的假设向客户销售产品。如同名称提示的，你可以通过先叙述再提问题来做成这笔交易。

保险经纪人： “我要寄账单到您家，汤姆。现在，您要年缴费还是半年缴费？”

旅行社业务员： “我会帮您订两张来回的头等舱机票，菲尔。您比较喜欢哪家汽车出租公司？”

服饰销售员： “我强力推荐您买这两种高级衬衫，它们和您这套新衣服很般配。”（这句话是在客户同意购买之前说的！）

“现在，您觉得这三条领带中，哪一条可以配您的衣服。”

较小/较大成交法

这种成交法和假定成交法类似，可以用来销售各种产品。它的前提是：**客户比较难做重大决定，但可以做较小决定**。为了实施这种成交法，你可以把一项重大决定拆成一系列较容易的决定，以便顺利完成这笔交易。

例如，一位保险经纪人提议客户做重大决定，他告诉客户：“您把名字签在申请表上后，往后25年间，您需要每个月支付400美元保险金。”你能责怪客户在听完之后想睡觉吗？

如果保险经纪人想要用比较容易的方法取得客户的同意，他可以询问客户下列问题：

“您喜欢月缴、季缴还是年缴？”

“可以把账单寄到您府上吗？”

“请把您太太的名字拼写给我好吗？您希望她作为您的受益人吗？”

“请在这份申请表上签字，好让我们到医生那里查您的病历资料，好吗？”

“请您也在这条线上签字，声明上述资料全部属实。”

“支票上面请开我们公司，金额在这里。”（保险经纪人指着已经写好的数字大声说。）

这些性质简单的较小决定很容易使人产生购买的念头。回答所有的问题后，客户买起来比较不会心痛。大部分的客户都能做许多较小的决定，但当要求他们做一项重大决定时，你就会面对完全不同的处境。你的工作就是减轻客户做决定的负担。

小过失与大遗憾

这种成交法是向客户强调不买你的产品将是他的遗憾，但买下你的产品的最坏结果也只是有一点小过失而已。这种成交法对于销售保险和各式服务，如盖屋顶、维修设备等特别有效。

埃德·埃尔曼（Ed Ellman）这位顶尖的保险经纪人告诉他的客户：“艾伦，现在您要设法做一个决定，即使您认为不做决定比较好。

您可以决定投资 3 000 美元买个保险，事后发现这项投资在某些方面并无必要。即使我们都不愿意浪费 1 美元，但您的生意和生活方式不会被这微小的过失改变。您也可以延缓某项决定，什么也不做。这或许可以省下 3 000 美元，却可能造成您损失 50 万美元。告诉我，要改正损失 50 万美元的过失是否容易，特别是在您的生意周转不灵时？”

据说优秀的人寿保险经纪人本·费尔德曼（Ben Feldman）就是使用相同的原理进行他的销售工作的。为了说服客户一星期投资 20 美元买一张 5 万美元的保单，费尔德曼说：“它就像在我们公司建立一个特殊的契约账户，并且存进 15 000 美元。当您付保险费之后，钱会开始积聚。做生意应该将本求利，因此，我会帮您累积这些钱——您一星期只要存 20 美元。”

“除了帮您累积钱以外，我还会帮您做其他事。万一有一天您突然离开，我会从收银机里拿出 15 000 美元，这笔钱是免税的。在您的年度所得中，您可以扣除 15 000 美元的投资免税额……”

“如果您的存折里还有另一笔 20 美元，我不认为您会觉得自己非常富有。但如果您缺少 20 美元，我怀疑您会觉得自己一文不值。坦白讲，如果您从未认识到这两种 20 美元的实质性区别，那么您很可能破产，而且您还意识不到这件事。”[1]

通过上述销售技巧，保险销售员在传递一种信息给客户，让他们知道如果不买保险，将会让自己暴露在极大的危险中。一位屋顶承包商可能会用这种成交法，告诉客户：“我们公司整修一次屋顶收费 2 700 美元。如果您想慢点决定，最后您可能要花 15 000～20 000 美元，因为雨水最后会损坏您的天花板、墙壁、家具和地毯。”

还有一位汽车技工对客户说：“如果我们不装新的传动装置，万一您的调速轮坏了，您就得把传动装置拆下来修理，那么除了 300 美元修理费外，我们还要追加 1 200 美元的劳务费。”

每次你使用这个方法时，要让客户明白，如果他不买，他就会暴露在更大的危险中。

三选一

这些年来，我发现销售员提供给客户的选择越多，他们就越难做决定。虽然我没有正式调查具体物证以支持我的看法，但我注意到当客户的选择超过三个时，他们会犹豫不决，不知道该选择哪个好。尽管我无法告诉你为何当人们有四个及以上的选项时，他们会变得困惑起来，但是我建议你提供给客户的选择不要超过三个。

例如，某位珠宝商可能有一打钻戒供客户挑选，但经过实情调查，在他知道客户的预算、客户喜欢的钻石切割面及颜色等之后，他拿出来给客户挑选的只有三枚钻戒。

同样地，一位共同基金的销售员在实情调查后，可能会告诉客户：“我给您介绍三种方案。”然后他拿出每月投资 200 美元、300 美元和 400 美元的计划给客户看。“告诉我，夫人，您觉得这三种投资计划哪种最适合您？”当客户针对价格高低做选择时，大约有 50％的人会选择中间那种，因为他们不想选择最便宜的，这让自己显得很小气；也不想选择最贵的，这让自己看起来很挥霍。在剩下的人中，大约有一半会选择最便宜的，另一半会选择最贵的。当客户问大部分人都选哪种时，我会把它当成一种信号，他们是小心谨慎的。因此我会说："我建议您选择中间价位，它显然是最受欢迎的。"通过这样的回答，我帮他们做了决定。

折中成交法

除了价格以外，在所有的异议都消除后，客户如果还不能做决定，建议你做些妥协以便事情的顺利进行。下面有几则现实的示范。

股票经纪人： "蒂姆，根据您说的，我建议您不要在这时候下决定。然而，我们都同意这项投资对您有实质性的好处，时机总是最重要的考量点。我想做的只是帮助您做决定。我们一开始先不要买 10 000 股，我们先买 5 000 股。"（在一段时间的静默后，股票经纪人可以继续说。）"或者您觉得先买 3 000 股会比较合适吗？"

黄页广告销售员： "我知道您的广告预算很紧张，默娜，因此我们先不要刊登半页广告，这次登 1/3 页广告就行。"（他可以降到 1/4 页或 1/8 页。）

保险经纪人：“埃德，从您的评论中我了解到您这次不准备买 100 万美元的保单。但您认为自己很需要额外的保险，这是不能等方便的时候再购买的产品。建议您等预算充裕后再买高额的保单，现在先买小额保单，以便有些保障。我们可以买一张 70 万美元的保单。”

这个方法利用了“有比没有好”的原理。更重要的是，一旦你说服了这位客户，将来你的收益就会增加。如果你问多年来已经谙熟这个技巧的顶尖销售员，他们会告诉你大部分的客户都是从小额保单开始买起。俗话说得好：“万丈高楼平地起。”

说出你的意图

在我使出浑身解数和一位难缠的客户周旋了一段时间后，我会告诉他：“瞧，杰里，我不想保密，我想做您的生意。”直截了当说出你的意图后，效果之好会让你大吃一惊。

如果这还不管用，我会说：“我要怎么做才会得到您这笔生意？”然后我问客户是否要我跪下来求他，他才肯把生意交给我。但要向客户下跪才能做成生意的做法会让大多数销售员觉得不舒服——我了解这是因为他们过于羞怯，所以做不到这一点——绝不要因为太骄傲，而不让客户知道你多么渴望和他们做生意。

富兰克林成交法

如果告诉你就连本杰明·富兰克林（Benjamin Franklin）都用过这个销售技巧，你就可以知道它是一个老式的方法。该方法在保险业被使用多年，我知道它在各行各业都颇具效果。以下是它的进行方式。

我喜欢的美国人之一是伟大的本杰明·富兰克林。我想你也会同意他是美国历史上伟大的男士之一。你知道当富兰克林遇到你现在面临的困难处境时他会怎么做吗？他会找来一张纸，在正中央画一条线，将纸分成两大栏。富兰克林会在一边写“同意”，在另一边写“不同意”。然后他会列出所有同意的理由，并且在“不同意”栏内记下所有反对的理由。

你认为我们也学他这么做如何？对，现在让我们想想所有可以列入“同意”栏的理由……

例如，一位人寿保险经纪人会列出以下理由：明天要调涨保费；保单付款免税；申请人目前是可投保的（这点随时会改变）；高额的兑现价值；等等。接着，经纪人会告诉客户：“现在，请你告诉我你认为应该列入‘不同意’栏的理由有哪些。”

当这样的销售展示完全结束后，在“同意”栏的理由一定远超过在“不同意”栏的理由。当然，但凡有点常识的销售员都不会自愿告诉客户他们不买的理由。

解决问题，不要制造第二个问题

销售员的工作是解决问题。若你做完销售展示后没有成交，则你可能已经制造出另一个问题了。一旦发生这种情况，建议你将自己制造的问题争端提出来："这事相当有趣，马克，但你了解过去几小时发生什么事了吗？我一进您的办公室，我们的对话就开始了，因为您有一个问题。现在您有第二个问题，因为您必须摆脱我。只要您叫我离开，您就可以解决第二个问题。如果您开口，我会马上离开。但这样就无法解决您的第一个问题，不是吗？因此，我建议我们再多花几分钟时间，看看我们能否一起解决那个问题。"

这个成交法的另一种说法是："马克，我确信您了解我来这里并不是要为您制造问题。我是来解决问题的。我知道您很忙，您应该清楚在我进您办公室前，您已经进退两难了，我知道暂时搁置或不理会比较舒服。但我们都知道，这类问题不会因为不理会就消失不见。如果您不面对您的问题，它将更加复杂。"

"您现在和我在一起并不高兴，因为我让您的问题浮上表面，但我知道一旦我们解决它，我会为您提供更好的服务，您也将感谢我。所以，我强烈要求您别发火，让我们继续工作……"

动之以情

每当一对夫妻带着孩子前来我的展示间看车时，我都会说服其中一人买辆车送给心爱的对方。很多影片情节都会描述当两人在一起时，其中一人往往会买东西送给另一人。一位父亲和他女儿一起来买她的大学毕业礼物——一辆新车。到了成交的最后关头，如果他显得局促不安，不想买这辆车，我会让他产生内疚的感觉。“你知道吗，苏珊？”我告诉她，“你是一个非常幸运的年轻女孩。”

“你为什么这么说，吉拉德先生？”

“你有这么棒的父亲，”我用轻柔、感伤的声调说道，“我小时候多么盼望有一个像你父亲一样的爸爸。我希望你要感谢你爸买给你如此漂亮的车子。”

“哎呀，我的确这么认为。”

如果这还不能让这可怜的爸爸软化，我就不知道该怎么办了。事实上，我看过一些顽固、保守型的父亲听完我的话后热泪盈眶。然而，我说这番话是真心诚意的。我真的希望我的父亲能以如此慷慨的方式表达他对我的爱，我也钦佩这种陪在孩子身旁的父亲。

曾经有位人寿保险经纪人在我们厨房的餐桌前猛攻我和我太太。琼反对投保，因为她觉得保费太高了。但他无视我太太的反对，一心要做成这笔交易，他说：“你也知道，我遇见过许多太太抱怨她们的先生花太多钱在人寿保险上。”他停顿了一下。我太太点点头表示同意，接着他继续说："但我从没有见过寡妇抱怨，吉拉德先生。"

当他看出他的批评使我感动时，他呼唤我的小儿子和女儿："嗨，小朋友，把你们的家庭作业停一下，请到这里来。"小乔和格雷西来到餐桌前，他继续说："你们也知道，你们的爸爸真的很爱你们。他的确如此。"接着，这位经纪人没说半句话，开始把资料填在申请表上。我们四人的泪水在眼眶里打转，我们对彼此的爱充满整个厨房。这位经纪人控制住了整个谈话气氛，他说道："很好，孩子们，现在回去做你们的家庭作业。"他没有受到我太太的影响，成功地做成了这笔生意。

还有一次，琼要我陪她去一家皮草商店。身为买主的我实在无法和拿皮草大衣给我们看的女销售员较量。她让我太太试穿了一件又一件皮草大衣。最后，琼找到了她特别喜欢的款式，她站在镜子前面花了足足 10 分钟欣赏自己并说道："我实在喜欢它，但我知道它太贵了，甜心。"

我还没来得及开口说话，那位女销售员便说："穿上这大衣，您会觉得自己好像置身梦境。您不同意吗，吉拉德先生？"

"呃，是的。"我嘟哝着，看着标签上的价格。然后我加了一句："琼，你看起来美丽极了。"

女销售员接着跟琼说："您听了会吃惊的，很多先生陪太太来我们这里买大衣，都告诉她们穿上皮草大衣后看起来有多么胖。甜心，您是一个幸运的女人，有这么体贴关心您的丈夫。我敢打赌他不会拒绝您的任何要求。"

这位女士把我捧上了天。我一直眉开眼笑。等我知道是怎么回事

时，我已经帮太太买下了这件昂贵无比的皮草大衣。

德怀特·兰克福德（Dwight Lankford）是美国分时度假业的超级销售员。他也是借着有决策权的客户对家人的爱来达成交易的。“我的客户多是放不下工作的那种类型的家伙，或者你也可以称他们为工作狂，”兰克福德说道，“因此，他们会对没时间陪伴家人感到内疚，于是我把炮火瞄准这一点，并且强调它。若办理了分时度假，你每年都可以带家人出国度假，更重要的是，它是你和家人相聚的珍贵时光。你们可以看看我们的目录，从上千个不同的地方中挑出几个国外的景点，自己或全家去度个假。”

十之八九，太太们都会赞成这项提议，因为她们希望先生能和家人一起共享这段珍贵时光。因此，如果先生拒绝，表示他不愿意花钱，也不愿每年拨出一段时间和家人相聚，迫切的要求便会自动产生。“如果您现在不赞成，”兰克福德说，“您以后也不会。您和家人最后一次度假是多久以前的事了？您和家人许多年不能在一起度假，实在令人遗憾，过去都过去了，后悔也于事无补。您有必要每天把自己锁在有限的空间里吗？”你会发现，兰克福德会促使他的客户产生一股强烈的购买冲动。

追随领袖法

这种方法是基于“追随者比领导者多”的理论。有些客户要在著名的人物签字后，才愿意购买。可是你如何知道你的客户属于这一类人呢？一个明显的信息是这类客户会问你：“在这个地区你先前还有哪些客户？”

另一个敏感、无声但有意义的信息是你可以观察到的身份表现。例如，一位女士身着名牌宽松上衣，还戴着同品牌的手表、太阳眼镜，提着同品牌的手提袋，可见她愿意为身份上的象征意义多花些钱。男士也一样会为自己的身份装饰自己。例如，他们的衬衫、夹克、皮带和领带上会有马球竞赛者之类的图案，同时他们拥有像劳力士这种象征身份的昂贵物品。当历史学家、博物学家、普利策奖得主、美国国会图书馆原馆长丹尼尔 · J. 布尔斯廷（Daniel J. Boorstin）接受《福布斯》杂志访问，记者问他为何有人愿意多花些钱购买皮尔 · 卡丹的产品时，他回答道：“这些人相信买下它会给别人留下很深的印象，或许可以告诉别人他们有钱、有品位、有名望，而且他们还可能会渴望买一口皮尔 · 卡丹的煎锅等，认为这是值得做的事。”[2]

在客户的家中或办公室里，你也可以看到无数的身份象征，它们会告诉你这个客户喜欢哪个设计师的风格——对我来说，这些很清楚地表明你得尽可能想出许多品牌名称，这样才能和他有话聊。有些销售员带着一长串的客户名单，也是基于这个目的。

客户保证函是相当具有说服力的，尤其当它们是在夸奖你和你公司提供的优良服务时更管用。虽然有些保证函必须通过恳求得来，但当满意的客户对你们有很高评价时，少数客户也会主动写信来赞美你们。事实上，我习惯把一叠客户保证函收在书桌里，等客户来再拿出来给他们看。有些信是客户主动写的，有些则是他们欣然受邀提笔写成的。例如，当客户告诉我“乔，从来没有销售员像你一样将我‘奉为上宾’”时，我会问他：“您可以帮我一个大忙吗？”然后我会向他解释，如果他愿意把这些话写下来，我将感激不尽。

如果你曾把产品卖给社区里有名望的人士，这个信息会深深影响你的客户。我在前面几章说过，客户的拖延是因为他们害怕做了不当的决定，现在他们会这样想：“这些家伙既聪明又机灵，要是他们买了，我敢肯定那一定是好东西。”脱口道出几位当地知名人士的大名，也能显示你是一个正当的销售员，尤其当客户对你不友善，或者客户对你或你的公司非常陌生时。有些客户的想法是，这家公司既然能拿到这些人的签名，起码也是一家像样的公司！

“不易得到”成交法

要是你还记得小学曾经迷恋过玩“不易得到”游戏的那个可爱的小女孩或小男孩，你就很容易了解这个方法的作用。事实上，很多人都会想要不易得到的东西。如果钻石是普通的鹅卵石，人们就不会费心地把它们从地下挖出来。**不易得到的东西是人人渴望的，因为不是每个人都能拥有它们。**

“不易得到”成交法就是利用这种人性。这种成交法是用“您够格吗？”而非“您想买吗？”的问题来询问客户。如果问得好，客户会忘记该不该买的恼人问题——他们的心思已经放在能不能买上面了！

为了对这一方法的运作有更清楚的认识，让我带您回到物资极度缺乏的第二次世界大战时期。当时是卖方市场的时代，顾客愿意以高价买进大量物品，因此销售员不工作也可以维持生活。当然，他们的信心建立在他们会卖掉有限库存里最后一件东西的认知上。例如，在汽车这个行业里，当销售员把幸运客户的姓名移到名单上，以便他能买辆车子时，即使把高额保费转入定价内，销售员都是在帮客户的忙。实际上，基本上每件事都是如此。

即使今天已是买方市场的时代，一流的销售员依然使用这种方法——如果这种方法能适当实行，它一样具有魅力。为什么呢？因为它是基于让亚当（Adam）和夏娃（Eve）偷吃禁果的人性。人们渴求他们得不到的东西。越难得到这些东西，他们越想拥有。把这种心理学转用在销售展示中，你的成功率将大大增加。

下面的例子是“不易得到”成交法在现实中的应用。

保险经纪人：“弗雷德，我会坦率诚实地对待您。您的健康状况没问题。我郑重通知您，您有资格申请这份保险。现在请把您的名字签在这条线上，以便授权我们公司和您的医师联系。我想和您约好体检时间。”这种成交法之所以管用，是因为每位保险经纪人都知道越不富有的客户越想尽量投保保险金额较高的寿险！并不是不富有的人需要更多钱，而是他们想要他们得不到的东西！

汽车销售员：“汤姆，我认为您应该考虑价格比较便宜的那种车型。我不认为您已经准备好要买最好的车型。”此时，客户在销售员的刺激下，必然会试图证明他的经济能力足以买得起最贵的车子。

家具制造商：“在这镇上我们公司只需要找一家零售商来展示我们的家具。老实说，杰伊，我们想找牢靠、名声好的零售商，我不确定你的店是不是合适。”这时，客户受到刺激，一定会设法证明他有资格和这家公司做生意。

艺术品销售员：“这幅稀有的画是可以典藏的作品，我希望它能由真正懂画的人来收藏。坦白告诉您，先生，我实在不想把它卖给不懂得欣赏的人。我没兴趣把它销售给只是买得起这幅画的人。真正有资格收藏的买主必须是有品位且真正爱好高级艺术的人。”这时，买主八成会证明他自己有足够的条件收藏卖方的产品。

房地产经纪人：“这栋房子对您来说可能太大，或许我应该带您到附近您觉得更舒服的地方看一些小房子。”这时，房地产经纪人轻微地刺激客户，使他产生抵制的念头。

在上述每个事件中，销售员的策略都是促使客户证明他们有资格当一个买主。这种成交法之所以管用，是因为它唤起了客户贪婪和自私的欲望。人们总是想要其他人得不到的东西，他们想要通过可以拥有这件东西的资格考验。要不是因为有这些人类的特性，非会员免进的乡村俱乐部恐怕就很难招到会员。用美国喜剧演员格劳乔·马克思（Groucho Marx）的话来说就是："我永远不会加入一个接受我成为会员的俱乐部。"

业务经理法

这种成交法是在业务经理陪着刚入行的销售新手做销售展示时使用的。在销售新手的销售展示结束，没有做成任何交易时，业务经理可以问客户："在我们离开之前，您介意我给您一点建议吗？"

"一点也不介意。"客户会说。

"您知道，我是杰夫的业务经理，刚才我一直静静地观察他做的销售展示。我认为他表现得很不错，您认为如何，查克先生？"

"我同意。我认为只要让杰夫磨炼一段时间，他会成为一流的销售员。"

"我认为您也会同意杰夫是一个随和的销售员。"

"是的，我同意。"客户点头表示。

"事实上，他就是太随和了，他甚至没有试图得到您的订单。如果我说错了请您纠正我，但请您考虑买我们的产品。"

"我当然会考虑。"

"以观察者的角度我断然地说，我知道您想要它，而且我也知道杰夫的确希望您拥有它。我说得对不对，杰夫？"

“一点也没错。”

“因此，我的建议是您把这份订单填好，杰夫，”业务经理边说边把订单和笔放在销售员的手里，“填上完成这笔交易所需要的资料吧。”

如果这位销售员没有胆量拿起笔就跑走了，他便永远无法成功。

拒绝不等于无法成交

我确信你听过当某位外交官告诉你“是”的时候，其实是“或许”的意思。当他说“或许”的时候，他真正的意思是“不”。而当他说“不”的时候，他就不再是一个外交官了。

相同的道理，**销售员绝对不该把客户的拒绝当成这笔生意无法成交**。我希望你储备一些成交法，如果第一次不成功，你还可以再试一次，直到最后你做成这笔交易为止。

我一向宣称，当我被拒绝七次以后，我会开始想：“或许他没打算要买。但我还要再试三次。”

[注释]

[1] Andrew H. Thomson，*The Feldman Method*（Chicago：Farnsworth Publishing Company，1980），108.

[2] Richard C. Morals，“What Is Perfume But Water and a Bit of Essence?” *Forbes*（May 2，1988），95.

第9章

创造迫切需要感

如果你想在销售上获得成功，就必须提供给客户他今天应该买你的产品的具体理由。如果你做不到这一点，你的客户会缺乏立即购买的动力，因而延长他的决定。只唤起客户对你的产品的一种需求是不够的，除非客户必须尽快拥有你的产品，否则会有悲惨的后果。例如，救生艇的销售员就可以说服沉船的海军上尉毫不犹豫地买他的救生器具。

然而，销售员几乎不可能有这么好的运气，在紧急关头出现在现场。基于这个理由，销售责任险、安全带以及灭火器等产品就是预料未来的需求。创造迫切需要感的时机应该在危机发生之前，而不是在危机已成事实之后。我相信刺激客户觉得他渴望拥有你的产品并非难事，当你激起客户的购买需求时，你的成交概率必然激增。

限制供应

很难想象在一天当中，人们没有撞上限制供应（即限量与限时供应）的交易。你可以看到报纸和电视上屡见不鲜的限制供应广告，百货公司和超市用它作为促销的诱因，产品从床垫到冰柳橙汁等应有尽有。例如，某零售商在限期内特价销售其产品。如果客户没有在这段时间内买到东西，意味着他将丧失做成一笔好交易的机会。**限制供应是很有效的销售手法**，它也体现了美国民众不断地被这些刺激轰炸的现象。

当你和你的客户在销售中发生正面冲突时，你也可以创造一种迫切需要感。它可以让客户了解到他们的优柔寡断将使他们丧失大好机会。限制供应可以应用在所有销售实例中，从二合一香皂到限量的合伙房地产生意均是如此。

清风房车（Airstream）公司推出的企划案是我见过的个中翘楚。我把这家公司视为房车业的劳斯莱斯。几年前，该公司董事会主席韦德·汤普森（Wade Thompson）和总裁拉里·哈托（Larry Huttle）推出一套产品，里面附赠价值15 000美元的储蓄公债，这张储蓄公债被提供给购买公司最新型号产品的人。客户必须在限期内购买他们公司的产品，才能获得这张储蓄公债。它特别吸引年长的夫妇，因为他们花了大把金钱买了昂贵的住房和汽车后，心里会觉得很愧疚。在了解到这些债券最终会传给他们的子孙时，内疚之情也就有所减少了。

等 10 年后储蓄公债到期，15 000 美元的储蓄公债优惠只有 3 800 美元，这是清风房车公司提供得起的奖励。对于每套价值高达 80 000 美元的产品，3 800 美元的优惠并不为过。15 000 美元的储蓄公债发出令人难以置信的诱惑声音，创造出一种在限期内购买的巨大的迫切需要感。

在涨价前购买

在汽车这个行业里，价格经常在调涨，因此我常用这一方法来激发客户做决定。“我们预计将在下个月 1 日调高这种车型的价格，”我会在这个月即将结束时告诉客户，“因此我建议您趁今天这个价钱赶紧买下来。”当然，只有当调涨价格的消息对外发布而且确实会发生时，我才会告诉我的客户。**销售员如果为了缠住客户而散布不实消息，则是非常愚笨的。**

为了成功地创造迫切需要感，股票经纪人可以这么说：“汤尼，我今天想去拜访您，因为现在显然是买通用公司股票的大好时机。我们如果能以 1 股 40 美元左右的价格买进就太棒了。您知道对于将要派发红利且值钱的上市公司股票而言，这是一个空前惊人的价格吗？让我们把握机会吧！我建议我们以这个价格买上 3 000 股。”在股票投资行业里，决定的延误会造成重大损失，尤其是在股价上涨的时候。

人寿保险经纪人可以告诉客户，保费会随着他的年龄的增长而增加。“埃迪，您的生日马上要到了，我今天想要提交您的申请单，好让您享有较低的保费。”如果距离客户生日还有 1 个月的时间，人寿保险经纪人可能会说：“通常处理申请单需要花 4～6 个星期，我会尽可能在您生日之前让您的保险单核发下来。”

一位服饰制造商的业务代表告诉客户：“我们预期布料的价格最近会涨，因此我想先把你们的衣服订单提交出去，及时采购较低价的布料。”只要有通货膨胀，价格调涨的可能性就存在，因此这可以被当作刺激客户当天做决定的诱因。

“现在正是时候”

清风房车公司的总裁拉里·哈托表示许多人购买房车这类产品来和“时间”竞走。在这一点上，他所说的“时间”是指“老年”。我认为房车是非常好玩的东西，虽然谁也不必须拥有一辆。佛罗里达州是该公司的大型市场之一，那里的客户都是“银发族”。为了使这些客户购买，公司的销售员会创造出客户的迫切需要感，**他们会告诉这些客户，他们已经为儿女牺牲一辈子了，现在正是他们为自己而活的时候了**。“为什么要在现在您买得起的时候延后买房车呢?”一位清风房车公司的销售员强调，“趁您还有时间享用它时买下它。不要等到您玩不动了再考虑。如果您始终想做什么事情，我建议您现在就去做。把握现在吧！我们都知道您应该拥有一辆房车，我不希望您放弃这辆房车，因为您和我都知道您有资格拥有它。”

就我个人而言，我知道这种销售方式的说服力有多大。拉里·哈托是说服我买第一辆房车的家伙（现在我开的是第 4 辆了，而且我仍然喜欢它）。和哈托商谈之后，假如我没有当场买，我以后也不会买！是的，我是第一个承认他是创造迫切需要感的人，而他说得一点也没错。我不再年轻了！如果不是他那么坚持，我绝对不可能买那辆房车，我也将会失去生活中最大的一项乐趣。

每个销售员都有某种时钟，向客户说明和时间竞赛的方法，这正是你的工作。时钟走得越慢，你的客户损失越多。一位优秀的电脑销售员指出，若非新系统出现，旧系统的不良效率会抢去客户的利润。一位制造商的业务代表强调一位零售商不运送公司的产品，害他损失了好几笔交易。一位房地产经纪人强调，客户花钱租房比拥有一栋特别的房子要划算得多。

我认为电视传道者奥罗尔·罗伯茨（Oral Roberts）是美国伟大的销售员之一，他深知如何刺激客户掏出腰包里的钱来对抗时间。罗伯茨告诉全国的观众："如果我在 1987 年 3 月底以前没有 800 万美元，上帝会来我家找我。"此话一出，便引起他的信徒们的强烈关注。到了 1987 年 3 月的最后一个星期，他只差 130 万美元就会达成预防死亡基金的目标，佛罗里达州一位拥有两个赛狗场的信徒受到他的激励，捐赠了 130 万美元给他。尽管如此，罗伯茨任凭时间流逝，幽居在他的祷告楼里，他向他的信徒们要更多的钱，继续放在基金中。

你可以知道，从冰箱到宗教的销售，创造迫切需要感的确颇有奇效。你只要发挥一点想象力剪裁制作，就可以将你的产品顺利销售出去。

销售唯一的产品

销售独特或不容易取得的产品，到了要成交的最后关头，会引起客户的迫切需要感。如果销售员只卖单一产品，他们便能处于良好的状况，事实上这种处境比许多人认为的还要常见。例如，房地产经纪人可能有一份专用的房子清单。如果你想要清单外特殊的房子，除非你委托经纪人处理，否则你不可能买到它！因此，专卖权实际存在于单独的房屋销售中。

我和琼第一次买房子时，我们第一眼就爱上了一栋房子。房地产经纪人看出我们非常喜爱，他告诉我们："这栋房子已经挂牌 6 个月了，屋主急着脱手。原先他要求的价钱太高，但现在他的价钱已经降下来了，这几天就会卖出去。我知道你们喜欢它，所以我建议你们先付些订金。今天早上我带一对夫妇去看过房子，他们今天晚上还要带太太的弟弟再看一遍。我确信他们打算要出价了。另外，还有两个房地产经纪人下午也会带人来看这栋房子。"

当时我不知道房地产经纪人说的话是否属实，但琼和我都不愿意冒险失去我们梦寐以求的房子。我们马上签妥合约。我们担心拖延会使我们丧失这个大好机会，因此我们快速做了决定。

房地产经纪人也可以使用这种方法出租商业建筑空间，如办公大楼、复式公寓、仓库和购物中心等。珍妮弗·贝克（Jennifer Becker）这位超级销售员是 M. H. 汉斯曼（M. H. Hansman）公司在俄亥俄州克利夫兰购物中心的开发者，她告诉客户："过去 6 年，我们在密歇根州首府兰辛的顶尖购物中心有 99%的占有率。有几位房客的租约到期，我们决定不重新订契约，以便能多请来些比较有水准的零售商。现在已经有好几位零售商表示对这个特殊的空间有强烈兴趣，因此我建议你要把握机会，尽快行动。"

这种销售法也适用于服务业及其相关行业。例如，一位定制住房的制造商感觉他的客户渴望搬进一间已完工的屋子里，他可能会告诉他的客户："我的行程从 6 月到明年 3 月都排满了。现在是 4 月 7 日，如果我从 4 月 18 日开工，我就能将您的房子排进我的行程里。当然，如果您愿意等到明年春天，我是不会反对的。"请注意这位销售员施加在客户身上的微妙压力。电脑销售员、办公设备销售员、大型机器销售员都可以有效地使用这种销售法，他们可能告诉客户："我们的运送和安装行程已经排到 14 周以后了，不过刚好有人取消，如果您想要，我可以把这张订单换成您的名字，下星期二请人把机器送到您那里安装。"

加盟商的业务代表在结束销售时可能会说："我们公司在这个地区只想找一家零售商，现在已经有六家零售商有兴趣了。如果这个机会真的让您兴奋，我建议您今天就把合约签了。签了合约之后，我会尽力帮您取得这个地区的经销权。虽然我将尽力争取，但我不能向您保证什么。"

当我卖车的时候，如果我感觉到客户急着拥有一辆车子，却有些犹豫不决，我会告诉他："您选择的车型和颜色，我们现在只剩一辆库存了。现在，我可以准备好，让您今天晚上早点开走。但如果您愿意等，我想这辆车很快就会被卖掉。我们今天早上刚卖掉两辆。目前，我可以打电话请其他经销商找一辆给您，但这起码需要一个星期时间，我不能保证您可以拿到您想要的配置。”我会停顿一下，让客户紧张不安，然后我补充说道：“为什么您不帮自己的忙答应下来？我会告诉客服部今天晚上把车准备好让您开走。”

航空公司的机票销售员最为人熟知的销售手法是，他们告诉客户如果不尽快购买，到时候会没有座位。这种话似乎非常有用，尤其对我这种行程排得满满的，从这个国家飞到那个国家的生意人更有说服力。例如，几天前我打电话订购飞往多伦多的机票，对方告诉我：“我们只剩下两个座位，吉拉德先生，如果你要的话，建议您马上订位。”虽然我不确定我是否需要搭乘早班飞机，但由于下午我必须抵达多伦多，我担心买不到票，因此我确认了那个机位。你可能知道，每逢商品限购，就很可能创造迫切需要感。但你不必将稀有的单件艺术品限制供应给你的客户！

卖给出价最高的人

当一群买主抢购一件拍卖品时，一种奇妙的气氛就出现了，卖方会把他们的商品提供给出价最高的人。我曾经参加过许多次拍卖会，拍卖的商品包括精致的艺术品、古董、贱卖的商品、马匹、家畜，以及破产和资产清算的物品等。从一个销售员的观点看来，创造迫切需要感是理想的方式，因为买主被迫快速做购买决定。假如你见识过专业拍卖人的喊价速度，你就会明白出价的人反应要有多快。成为出价最高的人只需要瞬间的信号，即举手——恭喜你，你现在是 X 商品的荣耀得主。

举例来说，一位房地产经纪人可能会得到一份令人满意的房子清单，其中一间她认为很快就能卖掉，因此她设法引发买主间的竞价战争。为了达到这个目标，她在房子推出的前两天就带 10 个客户去看房子，并知会他们要在 24 小时内出价。她设定一个底价让客户开始出价，经过在场屋主的同意后，把房子卖给出价最高的人。

时机是最重要的

每个生意人都了解时机的重要性，因此我建议你把时机当成强力卖点去引起客户的迫切需要感。

例如，在你使用这种方式出售房子之前，你应该先调查你的客户的房子是何时购买的。如果这栋房子已有一段时间，你得考虑房子过去 10 年增加了多少成本，接着指出房子过去几年增值的总额。如果你的客户没有自己的房子，你可以指出某一知名的房地产公司的房子在你所在的街道价格猛然上涨的例子，或者如果他在某时间购买某家本地知名公司的股票将有多大的利润。你可以说“想象你那时已获得麦当劳的加盟权”，或者说“我有一位朋友早在 1987 年 10 月初就卖掉了所有有价证券的股票部分”。生意人若知道何时买卖，则是十分幸运的。

第 10 章

强行销售的危险

有个故事是这样的，一位虔诚的天主教徒母亲急着把她 35 岁的女儿嫁掉，却为女儿的未婚夫是个新教徒感到心烦意乱。“他虽然是一个好人，不过你得说服他改信天主教，”她在一旁叨念，“一定要他跟你一起去做弥撒，再请神父敲敲边鼓。”

“好的，妈妈。”她女儿回答。

几个月之后，出嫁不久的女儿泪汪汪地跑回家，还大声嚷嚷：“我的婚姻完了！”

“发生什么事了？”这位母亲尖声问道，“你们小两口不是很恩爱吗？我以为你已经说动他改信天主教了。”

“是啊，可是我的销售工作做得太成功了，他现在决定当神父了。”

这则小故事的寓意是，不要强行销售！

强行销售是销售员被客户拒之门外的主要原因。有些销售员态势强硬地要求客户买他们的东西。一切如愿进行，他们把东西卖给客户，却必须为强行销售的行为付出更大的代价！不要强行销售，同时我也建议你做一个好听众——你应该十分清楚什么时候该闭嘴。嘴巴说个不停是一种疾病，它会缩短你的销售生命。

缘于害怕被拒绝

我认为销售员向客户强行销售的原因之一是他们害怕遭到拒绝。其实，连傻子也看得出客户有意购买你的产品，销售员更应该有能力辨别。遗憾的是，这些销售员因过于恐慌而不想破坏他和客户的友好关系，以致让煮熟的鸭子飞了。

销售员常有一种错误的想法，他们认为到了成交的最后关头，客户会有压力存在。他们担心和客户谈到签约问题时会失掉这笔生意，甚至会激怒客户，因此他们不敢面对最后一刻，到了该闭嘴的时候，他们还说个不停。

强行销售对销售员非常不利，它会把销售展示的成果破坏殆尽。如果销售员没有信心，这种情绪是会感染客户的，客户会开始怀疑你，也怀疑自己是否该买。他的理智告诉他："为什么我已经决定了，这个人还不断向我销售？他必然想掩饰什么。"结果，销售员越推销，成交的概率反而越小。

过滤不必要的销售内容

在销售展示时，销售员不必把所有的产品知识一一介绍给客户。

在客户决定购买之前，他没有必要变成专家。许多销售员认为他们有义务向客户解说产品特色——糟糕的是，他们坚持等到销售展示后才让客户购买！我曾经见过一些销售员巨细无遗地介绍完产品后，才开始和客户谈签约事宜，虽然客户已经想说“好吧，我买了”，但他们还说个不停，快要成交的生意就这样泡汤了。强行销售具有强大的杀伤力。

此外，也有销售员认为要等到他们把大量的产品知识烙印在客户的脑海中，交易才算完成。他们把产品强行销售给客户，让客户厌烦到想掉眼泪。这些销售员离开时还自以为做了场成功的销售展示，却没做成任何一笔生意。

这两种销售方式的商谈时间都超过实际需要。想想一个电脑销售员用许多电脑术语轰炸客户的场景。客户买电脑是要使用机器，并不是想知道电脑以 1/1 000 000 秒的速度转换资料的科学原理。过多的科技信息不但不能帮你争取到客户的订单，反而会破坏你的销售成果。

我并不是说你不应该成为你那个行业的专家。你应该的！销售这个行业比较复杂，**你必须对自己的产品和相关信息了如指掌。但你必须做好判断，知道该提供给客户多少资料。**记住，电脑销售员介绍给工程师的重点，必须不同于介绍给会计主管的。当然，凡事都有例外。有时潜在客户也有可能对技术方面的知识感兴趣，如果是这样，你必须准备他们需要的资料来满足他们。

不管你信不信，我见过汽车销售员拒绝打开引擎盖和某位女士讨论机械方面的问题。今天，许多女士都拥有丰富的工业技术知识。如果销售员删除他会展示给男士的产品资料，则这对女士是一种羞辱。然而，有些客户（男女都一样）对传动装置、马力或催化器没有半点兴趣。在这种情况下，打开引擎盖给客户看不仅没有必要，而且会产生不良后果。你必须根据客户的兴趣为他们量身定制不一样的销售展示。

在某些情况下，销售员有义务给客户出示明确的产品资料，例如在销售高风险产品、新近发行的债券等产品时。再次建议你好好判断该给客户什么资料和该给多少，以便完成交易。我不建议你保留不重要的产品细节，我劝你选择适当时机完成交易，不要提出客户不感兴趣也没必要的资料来困扰客户。等你取得订单后，你可以告诉客户："噢，顺便我想向您说些我觉得对您很重要的事。"于是，在必要的细节上你也满足了客户。

沉默是金

当你要求客户在订单上签字后，先沉默一段时间，不要因为这是商谈，你就觉得不该有冷场。给客户足够的时间考虑他的决定，不要打断他的思绪。有些销售员认为在销售过程中有任何沉默都是缺点，因为这表示销售员没有掌握好现场气氛。但某些时候，适时的停顿是可以的，它能舒缓双方紧张的情绪。

停顿的感觉会比实际来得久，就好像在电话中对方请你稍等一会儿一样。时间好像静止了。分和秒似乎没有不同。在一场面对面的销售展示中，沉默成了隔音器材，同时它又很自然地吸引你想打破沉默。俗话说："先说先输。"这暗示只要客户先开口说话，他就输了。但我认为谁做了明智的购买决定，谁就赢了。相反地，如果销售员先开口说话，他就有失去这笔交易的风险。沉默也能隔开愤怒的情绪。因此，无论如何你都得训练自己保持沉默。

肯定暗示

当你想知道现在是否到了成交阶段时，你可以问客户："您被我说动了吗？还是您要我再多说一些？"如果客户要求你进一步介绍，你只有继续下去，直到你觉得可以再次尝试成交。如果客户给你肯定的答复，不管你介绍到哪里，你都得完成这笔交易。你可以等签约后再补充说明你的产品特色。不要认为在成交之前你有义务把产品资料全部告诉客户。留些特别吸引客户的部分，等取得订单后，再将它们当成红利送给他。但重要的是，不要妨碍你介绍的连贯性，以免平白失去成交机会。

你可以将我在本书其他章节中提过的尝试成交法应用在销售展示中，次数不限。试完之后，你只需重复："现在，您被我说动了吗？还是您要我再多说一些？"

下面是一些其他选择。

汽车销售员："这是您理想的车型吗?"

服饰销售员："我想这就是您想找的款式，您同意吗?"

房地产经纪人："这栋房子很适合您的家人居住，您赞成吗？还是我们要再看看其他房子?"

保险经纪人："在签这份申请书前，您还想知道什么吗?"

请注意，在每个例子中，如果客户有肯定的回答，这笔生意就成交了。如果他抗拒，销售员就要给他更多的购买理由，并试着再次完成这笔交易。很明显，当上述问题被提出后，销售员会觉得他已经做了完整的介绍，因此我的建议是避免花太多时间在"我销售给您了吗?"之类的结语中。

第 11 章

自己掌控胜算

在工作中，我喜欢自己掌控胜算。只有到赌城拉斯维加斯时，我才靠碰运气来赢点钱。赌场是以营利为目的的地方，它需要极高的管理费用，因此经营者不会做亏本生意的。我到赌场主要是为了寻找快乐，有一次，我在牌桌上输了一大笔钱，我把赌输的钱记在娱乐花费上，并且决定就此罢休！我开始明白胜算并没有站在我这边，我也接受了这个事实。

然而，一个人如果在日常生活中不能掌控胜算，就注定会成为一个失败者。**聪明的人会为自己制造机会。**拉斯维加斯赌场的经营者利用精确的概率赢钱，他们和每天前去赌博的许多赌客玩赌博游戏，因此赌场上的庄家几乎严密得不能有失算。**尽管销售不是一项精确的技术，但你必须了解如何掌控胜算。**

我所说的胜算和成交概率相关。成交概率是指成交的总笔数与进店顾客总数之比。

如果不是职业道德的关系，我可以列出我的所有底价，我的底价直接关系到我成交时的销售利润。如果你对底价研究没有兴趣，那你实在没有必要每天早上起床赶去工作。在工作时，我总希望在工作游戏中赚取更多的钱，我不了解别人如何在这一点上和我竞争。销售员轻视利润的功效将导致花费了时间和努力却获利很少。如何能让每个人从他的薪水里拿出大量金钱来购买产品，则完全由我操控。

"回电俱乐部"

有这样的说法，在每一次销售展示后，交易就算完成了，无论是你将产品卖给客户，还是他欺骗了你。客户可能会出卖你而加入"回电俱乐部"，这是一个非会员制却有数不清会员的俱乐部，他们总是在回答你"让我回去仔细想想"后再打电话和你联络，或者在零售店中告知你"我会再回来的"。(我称这种人为"回电俱乐部"会员。)

每一次你允许潜在客户加入"回电俱乐部"，就是使自己陷于失望的境地。如果你当时再多坚持一会儿，你会有更佳的机会结束并赢得交易。我曾看过销售员累积了成打"确定"购买的承诺，但从未实现过一个。其中有人坚信等到客户回电话给他们时，他们将赚取佣金，但时间的流逝终将令他们不得不面对失望和沮丧。

我记得有一个年轻的销售新手，在超过 3 个月的销售时间内开发了 84 个客户，他们答应会在 12 月中旬跟他买车。他自夸地说："我会比吉拉德卖出更多的车，哪怕事实上那些答应要买车的人只有一半会买。”他非常自信地说他将改写销售纪录，并将取出一小部分的所得来为他的妻子和3个小孩购买圣诞礼物。令人遗憾的是，最后84个人中仅有3个人真正跟他买车，而这个可怜的人对自己说：“我实在不明白，”他在我的肩膀上哭着说，“这让我对他人丧失了信心，他们怎么可以如此欺骗我？”

“当人们对你说会再与你联系时，他们也是非常真诚的，”我向他解释，“但是有许多事使他们分心，别忘了，他们也要去购买圣诞节礼物，他们也有每月的账单要付，还有一些不可预期的额外开销，正如同我们一样。你知道有一句俗语是‘眼不见为净’。或许你可以从这次的经历中吸取教训。如果你真的得到教训，那你的失望就如黄金般贵重且值得了。”经过我长时间的劝解后，这位年轻的销售员争取到了他所要的销售额，甚至赢回了他已失掉的生意。另外我还向他解释，如果他在销售展示时坚持态度，他将获得先前已丧失的60%～70%的销售额。

你的不坚持会让你失去许多生意机会，并有另一项损失：浪费时间和你的客户联系。时间应该花在打电话给购买可能性更高的客户身上！

总之，**你需要切入问题核心，销售员最重要的是时间**。我并不了解你，但是我会对我自己要求较高，我并不想浪费时间。每一天我要走进展示间准备卖车，这意味着我必须在清晨从床上爬起，我必须告诉你：我非常喜欢睡觉。我说的是真的，我可以睡到你无法想象的程度。所以当我每天早上起床时，我对着镜子大声告诉自己：“必须有人为我的早起付出代价。”我确实在给自己鼓舞士气以激励自己，事实上，我不希望任何人浪费我的宝贵时间。等待客户再联络是不值得的。面对我的客户，我就如同猎鹿者看着他的战利品一般。猎鹿者对他欲捕猎的鹿通常只发一枪，如果失手，他将不再可能看到那只鹿；对于那些表示会再联系的可能购买者，也是同样道理。如果你已有这种认识，我的建议是：**打铁必须趁热，当你和客户面对面时，就是最佳时机。如果你让时机溜掉，那你就丧失商机了！**

报酬递减规律

我相信有一条所有销售员都非常清楚的重要法则，这条法则并非由法院公布实施，尽管如此，你仍然必须去遵守它，这条法则是报酬递减规律。或许你已经知道，但我还是要根据“吃苹果递推法”给出解释：有一个小男孩，当他拿到一个多汁甜美的红苹果时，他有很好的胃口，他非常高兴地狼吞虎咽，快速地将苹果吃完。当他再拿到第二个苹果时，他仍然可以津津有味地享用，但滋味已不如第一个那般甜美。当他再拿到第三个苹果时，他很勉强地把苹果吃完，你可以推断他已不再有特别享受的感觉，当他吃完一个再吃另一个时，吃的速度就会慢下来，当他咬下每一口时，他会觉得越来越厌恶，由此推论吃苹果的喜悦感已消失了。

在销售这个行业里，报酬递减规律也和吃苹果的道理一样。在销售展示快结束时，其实你正处于销售最有利的位置，你产品的特性在这时候被客户最清楚地了解了，而你的客户也在此时最强烈地感觉到需要购买你的产品。在接下来的日子里，两件事将会发生：客户会渐渐忘掉你产品的优点，他的购买热度会逐渐冷却，而且每多经过一天，他就觉得对你产品的欲望会降低一些，而当记忆逐渐减退时，他将觉得你的产品对他几乎没有益处，他很快会发现他的钱最好花费在其他地方。对此有一个最佳说法：**时间越久，你将产品卖出去的概率将会变得越小**，因为客户的购买心情已经冷却了。

当你因时间的流逝而面临客户需求减弱时，你必须了解如何趁热给予客户必要的强心剂，任何一个销售员都应足够聪明地运用高度的喜悦感来促成买卖。

你要销售什么以及你如何好好销售你的产品都会改变销售展示时客户的喜悦感，进而影响你的成交概率。事实上你必须掌控“回电俱乐部”的人数，记住会在1～2天就完成回复的少数客户，以换取你必须全力以赴，否则将一无所得的其他更多客户。这一点必须切记在心。切不可落入有所期待的诱惑中。经过一段时间后，我可以向你保证，你的坚持绝对会有所得。

此外，还有一件关于“回电俱乐部”的事，即千万不可让其他销售员去完成你无法结束的销售。通常当一个销售员无法将产品卖出时，其他销售员也许可以成功地以另外一种不同的销售方式将产品卖出。我通常会告诉其他销售员，我的销售权是在客户离开之前，他们应该让我尝试去完成买卖，在那时我会介绍销售经理、销售委员会或其他相关人员给我的客户。而如果他们将客户转让给我，我将会付给他们 20 美元，在我“买”回我的客户后，不管发生任何情形，对他们来说，终究半个面包还是要比什么都没有要好。但遗憾的是，有一些销售员一开始会满足于把买卖转让给我，可是当看到我抽取大额佣金时，他们又感到愤怒，因为他们仅仅收了我 20 美元，虽然保住了面子，却损失了金钱。

客户有可能在任何地方转变心意给任何人，例如：一位复印机服务员可能把他的客户介绍给他的经理，因为经理有权决定较大的折扣；一位人寿保险经纪人可能告诉客户会为其介绍有关退休计划的专家。

“我很抱歉！但我不接受再回复”

一旦你了解再回复会降低成交概率，只要你是聪明人，你就不会让再回复的情况发生。对客户先表明你的态度是没有错的，这是很容易的事，你只需要说：“我很抱歉！但我不接受再回复。”如果有客户问你为什么，你可以简单地解释那是不好的销售方式：“我没有办法花时间去打电话给那些在我做销售展示时他们就可以决定购买的客户。客户先生，在您产生困惑或根本忘记您要购买的原因之前，现在，就是您下决定购买的最佳时机。”人们会因此尊敬你的真诚，而更重要的是，你将会因为这样的表达而得到你所想要的结果。你可以紧接着说：“现在让我来告诉您更多的理由，为何您必须在今天下决定。”然后你可以继续你的销售展示。

根据德怀特·兰克福德的经验，在提出再回复的客户中，有2%的人会再回来购买，当你运用全力以赴否则将一无所得的技巧时，销售过程中成功的概率将提高20倍。熟知利润，可利用技巧将提出再回复的客户引导回来并达成买卖。为了达成买卖，客户会被告知他们将获得当天购买的优惠（可视客户的不同而给予不同的优惠，如800～1 500美元，优惠的大小是值得考虑的）。

“我的销售员都知道没有任何一位客户可在隔天获得折扣，这是让客户没有期待的法则，绝对没有例外。如果我们违背了这项法则一次，我们将让每个人都成为说谎者。难道我们能预期在隔天会有客户只为了折扣而带着支票回来购买，然后我说‘确实，我会以和昨天相同的价格卖给您’吗？即使这种情形只发生过一次，我的销售员中也将再没有人会给客户更便宜的当场购买优惠，因为没有任何人想当傻子。”

兰克福德先生解释道：“如果客户要求我们必须有这项优惠，我们可以告诉他们，**历史告诉我们，客户一旦提出再回复并离开，只有2%的概率会再回来购买，所以我们才简单决定了当场购买优惠，以奖励并帮助客户做决定。**借着直接的告知，客户可以了解我们将履行诺言。”

没有客户会影响或打击你

在我的销售生涯中，当我急需用钱时，我渴望在每一笔交易中都获取佣金。刚开始，我仅靠每一笔佣金过日子，每个星期我必须支付食、住、行各种支出，而我卖车的成果直接影响我的每一笔收入，我无法承受丧失任何交易的机会。

但幸运的是，我的努力使得任何客户走出我的展示间时没有不购买的。对我而言，在我的职业生涯中，那是很重要的里程碑。而这个现象也让我了解了再没有任何客户可以打击我的销售能力。这听起来对你似乎是一个很大的诱惑，对我而言我不再有销售恐惧，我非常确信地知道，哪怕我可能丧失交易，我也不再会因此而受到伤害。对于那些决定买车并说他会回来的人，我可以提供客户所需的购物乐趣，我现在也不再害怕这样做会跑单。即使如此，我也没有丢掉这份动力与渴望，也未失去作为一位销售员的“杀手直觉”。相信我，我渴望维持每一笔交易的完整性。

在绝大多数人的销售生涯中，不会有任何一个单一的客户如此重要——假如你未与其达成交易，你将会因此而破产。人寿保险经纪人可以失掉任何一次交易，但还会有无数的客户找上门。股票经纪人被客户解聘后，他会再找其他人进行买卖。房地产经纪人总是拥有无数的客户。

我了解到有许多企业的销售员拥有很多客户，但如果失去主要的客户，将导致很严重的结果。例如，有一个机械加工制造商，与其合作的是一个非常大的零售连锁店，其销量占销售总额的大部分，丧失这一个客户就会影响整个企业运作。广告公司的业务执行可能只有一个客户，当这些特例被排除后，我的知识都是适用的。这些是在销售行业内的“陋规”，我不羡慕有人只靠一个客户生存，如果你的销售

正好是这种情形，你最好给予你的客户最佳的服务，让其他人无法抢走你的生意，我在本书第 13 章“成交不是结束”中会讨论如何处理这种情形。但从现在开始，我会说：“别把你全部的鸡蛋放在同一个篮子里，如果你一定要，你最好将你所拥有的东西看管好！”

从大客户着手

你总要记得，做生意是为了赚钱，当你赚取大笔佣金时，不需要觉得不好意思，谨记在心。重要的是它会促使你去做大笔的生意，让你的工作有价值，我会不断提醒你。巨大的橡树是从一粒小种子长成的。

无论如何，如果只收到小额订单，对你的生意并不总是好事，因为小额订单可能意味着客户没有信心对你的产品或公司的品质保证做大额投资，除非你有办法增加客户的信心，否则你将一直受到同等待遇。举个最佳例子，有个食品经销商想引进一个没名气牌子的饮料进入大型连锁超市，如果他只有几个纸箱的产品陈列在架子上，并和其他各种品牌的产品混摆在一起，那这项新产品很快就会销售失败。小额订单常会适得其反，让你的未来事业提早结束。

另一个例子是，在某些特定的区域，以批发价格在零售店销售。举例来说，一家走特别路线的办公室家具厂商在一个人口约为 25 000 人的小社区也许只需要一家经销商，但在该小社区内同时存在三家零售店。此时厂商的营业代表必须建立一个使他自己觉得舒服的订货额度。

有些厂商的营业代表会视小额订单为一种失败，不仅因为他只收到微乎其微的佣金，而且买主在买了 1～2 个单位的产品后将减少订单量，更糟的是，厂商要收现金，因为他只拉到一小笔订单。所以当他下一次再打电话给客户时，他将会听到客户的抱怨："你不用再卖其他产品给我了，我无法再向你买任何产品。"他除了收到一点点佣金，还惹来一肚子气。

现在让我们回到关于获得小额订单不切实际的经济原理。有时候你必须接受"要就要全部，否则宁可都不要"的明智态度，朝大额订单下手，哪怕这有时会使你失掉全部买卖机会。在特殊情况下，比起有机会获得大额订单而言，这只是一种看得见的风险，更何况这仅是损失少有交易的最开始阶段。举个例子，在汽车销售业中，在买卖双方沟通后，你很可能想以最低价买一辆特别款式的车子，但我试图介绍其他新配置的车型，以便我获取较高的佣金。我甚至不记得我因此损失过任何一位客户，尽管并非每一位客户都需要新配置的车型。

我已有无数次将小额订单转变成大额订单的经验，其中不止一次我非常确定一个有警觉的销售员在向我销售产品时是不会采用相同的销售技巧的。我曾经有一次这样的经验，我在哈里·卡森（Hary Kosins）买了一条 20 美元的领带，那是一家位于底特律郊区的男性服饰店，而当我拿出信用卡准备刷卡付账时，售货员问我："当您打这条领带时，您打算如何搭配您的衣服？"

我回答："这可搭配我那套海军蓝的西装。"

“先生，我有更漂亮的领带，可用来搭配您海军蓝的西装。”随即，他取出两条价格都是 25 美元的领带。

“我知道你的意见了，它们是如此漂亮！”我点着头表示赞同。

“您是否想再添购些新衬衫好搭配您的新领带？”

我指着另外的柜台，回答他：“我只喜欢白色的这些，我在那边的柜台找不到适合的尺码。”

“那是因为您找错地方了，您的尺码是多少呢？”

我很快告诉他我的尺码，他拿来了四件白色衬衫，每件售价为 40 美元，他说：“乔，您摸摸这布料的质地，这不是很棒吗？”

“好的，我决定买下这些衬衫，但我只想买其中三件。”

你瞧！售货员将一笔本来只有 20 美元的交易转变成了 190 美元的大买卖了，比我原来要购买的金额多了 8.5 倍呢！而我反对了吗？当然没有，我像一个非常满意的顾客那样走出店门。毋庸置疑，哈里·卡森比起美国境内其他男性服饰店，在同样的 1 平方米的营业面积上创造了更多营业额。

埃德·埃尔曼是一家国际顶尖的保险公司的经纪人，通常他会提供两张保单供客户选择。“一家企业的所有人通常现在只购入一张 300 000 美元的保单，但我提供两张 300 000 美元的保单，”埃德·埃尔曼说，“然后我会告诉客户：‘您通过身体健康检查后，依据您的资料，我会要求我的朋友以私下的名义让您再购入一张 300 000 美元的保单。当然，对此并无法律上的约定，但我认为您应该购买。’于是客户购买了两张保单，而对第二张保单我没有付出额外工作。我只在短短的数分钟内就多赚了额外的 8 000 美元佣金，我用同样的技巧在每一年内多做了好几笔生意。尽管有人对我多介绍的第二张保单感到愤怒，但我所做的额外策略在生意清淡时仍是值得的。若第二张保单并非强制的，可将其当作售后服务一样来做。”

客户的最佳优惠

有少数销售员也许会认为，客户会很厌烦施加压力的销售方式，对于这点，我则有不同的观点，基本上，我以为这种亲切的压力是对客户的最佳优惠，在讨价还价时，怂恿客户购买的压力远比听任他们自由选购来得令人感觉舒服亲切。

当然，我知道没有人喜欢在购物时倍感压力，不过，人们经常在购物过程中因为难以下定决心而感到苦恼。他们在潜意识中期盼有人能给予意见，以增加购买信心，解决犹豫不决的问题。设想一下，此时销售员若不提供任何怂恿购买的压力，客户将很难做出购买的决定。我在销售汽车的经历中，经常遇到难以做决定的买主，我会极力扮演服务周到的销售员角色，以协助犹豫不决的买主，我会极力避免布利丹毛驴的寓言故事的结局，它描述了一头驴子饿死在两堆干草间，因为它无法决定该吃哪一边的草。我不希望这种令人沮丧的故事发生在我的客户身上，依我之见，协助客户避免这类困扰就是销售员应有的专业服务。

例如，某个房地产经纪人为一对年轻夫妇介绍了一栋房子，而他们却陷入难以抉择的困境。那位太太说："我们已经花了好多年的时间寻找心仪的房子，这几天晚上睡觉前，我们都反复想着你这栋房子，这是我们期待中的理想房子，所以我们决定回来找你。"

这位经纪人在这个案例中抓住了客户的两个重点：第一，他知道这对夫妇现有的房子因家庭成员长大已不便使用，且为了不让孩子因搬家而中途转学，他们希望尽快搬家；第二，他了解他们已经看过不少其他中介的房子，不过对这栋房子的满意度最高。凭借这两点信息，他决定以较坚决的方式建议买方："虽然我不想影响你们的决定，但我愿意就我销售房屋的经验以及对你们状况的了解提出建议，我建议你们在今天与我先签订合约，因为你们可能很难以这样的价格在这个地区附近再找到这样一间适合全家状况的理想房子。希望你们不要错过良机，因为现在还有许多买者也看中了这栋房子。如果你们真的喜欢，就要赶快行动。"

虽然有些人总是责备销售员爱给买方压力，但我不认为事实如此。我认为这是销售员以服务客户为基本立场，深思熟虑地考量后才提出的"坚决的建议"。设想一下，如果客户在决定性的关键时刻没有坚持到底，以至于丧失了拥有这栋心仪房子的机会，那将多么令人懊悔啊！**身为销售员，你得将此铭记在心——"客户需求第一"，只要对客户有利，你就可以运用你那亲切、积极的说服力。**

最后，我想强调的是，技巧性的强行销售和适时向客户施加购买压力看似相同，却存在一点差异。在销售产品前，你得先向自己销售成功，客户才会信任你，认同你的建议，而不会一味地对你有所防卫，觉得你无礼。如果你能秉持“以客为尊”的理念，你的态度及建议都将更有说服力，而此时如有需要，施加购买压力也将不会遭到驳回。当你对产品本身及所属公司有绝对信心时，通常客户受到感动后也会跟进，我相信他们会对你此时施加的购买压力感到舒缓。我的看法是，这才是专业销售员应有的表现。

第 12 章 如何处理客户反悔

人们经常在购买东西后感到后悔，我相信每个人都曾经为自己冲动、奢侈，甚至荒谬的购买行为感到懊悔。

在现今这个生活节奏快速的社会里，如果我们匆忙行事，不假思索就买东西，事后经常会为先前的决定后悔。毕竟，每个人的需求及欲望是无限的，但很少有人有足够的财富去填满这个无底洞，只要想到这里，我们会很自然地反问自己："当时我该买这个东西吗？我的钱如果花在别处会不会比较划算？"

通常人们很容易不经计划乱买东西。以我这行而言，客户可能只是存着逛逛的心态来到卖场，很少人是抱定买车的念头来到展示间的。**顶尖的销售员深知客户有冲动购物的心理**，同时他们很清楚一个事实：如果他们无法得到这类客户，则未来的销售生涯势必暗淡无光。销售员不能被动等待已决定购买的客户上门，因为这些客户是可遇而不可求的，大部分的客户都是在半推半就的情况下才掏出他们辛苦赚来的血汗钱的。

你必须为客户将来的反悔行为做准备，并随时应变。别忘了：如果订单被取消，这笔交易就告吹了。从开始的产品介绍、展示，到取得订单，其中花费的时间和精力都很多，万一失去了机会，心情的沮丧可想而知。客户的购买热度常会在事后快速降温，重点是你要使他们维持原来的狂热！如果因为客户的反悔而让煮熟的鸭子飞了，那么你不仅没赚到钱，而且你的信心会大受打击。取消订单对销售员的打击远比没有得到订单大！

在了解客户的反悔有多大杀伤力之后，最重要的是要知道如何事先预防。我必须强调：并非每笔订单签下后，客户就一定会在事后反悔。如果销售员在销售的过程中一直灌输客户对厂牌和产品的信心，并以诚恳的态度协助客户处理一切困难，订单应该都能保住。只要客户看到你为他们的问题付出心力，他们自然能感受到你的热忱，你也比较容易接到订单。

当然，每位销售员都知道总有些料想不到的阻碍会使销售工作横生枝节，因此，本章想要提供一些措施来预防常见的客户反悔（在它发生之前）。即使你的退单率很低，取消任何一张订单也会让你吃不消。

“多谢！”

你有多久没听到销售员向你这个客户表示他的感谢了？还是他连

声“谢谢”也懒得说?

也许这批评有点不中听，可是大部分销售员的确很少去表现心中的感谢，他们的态度仿佛吃定了客户似的。我从来没有卖过任何一辆其他经销商没有销售过的车子。然而，向我买车的客户不只买我的车，他们也买了我提供的服务。我了解这个道理，也从不隐藏心中对他们的感激，我永远不会忘记向每位成交的客户诚恳地说：“谢谢您！希望您能了解我内心的感激，我会尽全力提供您最佳的服务来证明您的抉择是明智的。”

此外，我还会进一步说：“山姆，我想让您知道一件事：我绝不会令您失望的，我深深感激您向我买车，请相信我，如果您有任何需要我服务之处，即使我手边有再多的事情，我都会先搁下来，我会提供超乎您期许水准的服务，最后，我可以向您保证，以后您绝不会再向其他人买车了。”

你明白了吗？我刻意为下一笔生意铺路，因为我想让客户了解，他们确实做了明智的购买决定。我不想让任何客户感到一旦我和他们成交后，就弃他们于不顾，只忙着向新客户推销。如果客户觉得你只想赶快成交好赚取佣金，他们会有被利用的感觉，因而反悔原先的决定，想想还真不能怪他们呢！

每笔生意成交之后，你都应该自动附上有礼貌的感谢函。感谢永不嫌多，只要你多说一遍，你就会让客户对他自己的决定多一分肯定。我总是要求自己每晚都写封亲笔信给每位当天成交的客户，通常这封信的内容如下：

亲爱的玛丽·简：

这封短信是想向您表示我为您提供这笔交易的感谢，恭喜您拥有这辆新车！相信您一定会满意的。

再次提醒您，有任何事情都别忘了和我联系，您不只选了这辆车，您也选了我乔·吉拉德这个人。

希望日后能随时为您效劳。

您最真诚的朋友

乔·吉拉德

5 月 20 日

清风房车公司的总裁拉里·哈托做得更彻底。他表示："我们的销售员在每笔生意成交之后，不但会寄一张感谢卡给客户，而且在第二日早晨也会打电话给客户。对于难以应付的客户，唯一的销售秘诀就是主动出击。我也会亲自打电话给客户，首先表明我是公司总裁，很感谢他们对本公司产品的支持，然后我会问他们对销售员的服务是否有意见，同时告诉他们如果有问题，可以直接找我谈，我还把我的专线号码留给他们。你无法想象我这通电话对客户产生的功效！想想看，有哪家公司的总裁会亲自打电话给你来询问你对产品的满意程度？"

"恭喜您！"

"苏珊，恭喜您做了明智的抉择！"一位面带微笑的汽车销售员说道，“您将享受驾驶它的乐趣。”

“吉姆，恭喜您的明智抉择!”一位珠宝销售员亲切地和客户握手时说道，“您选了一颗璀璨耀眼的钻石，它确实与众不同，您太太一定会很高兴!”

“先生，恭喜了!”一位电脑销售员说道，“我保证您不会后悔安装我们的信息处理系统，它将为您的企业带来革命性的改变。”

“能和一位肯为心爱的人着想的客户做生意，感觉真好!”一位人寿保险公司经纪人说道，“我欣赏您对资产规划的认知，只有睿智的人才懂得为心爱的人预先做财务规划。”

《生活》(*Life*) 杂志的会计主管芭芭拉·辛格 (Barbara Singer) 说:“直销的广告不同于其他店销的广告，短期内厂商很难察觉广告真正有效益，因此许多初次刊登广告的厂商常在刊登之后反悔。了解这个特性之后，在它们决定签约刊登广告时，我总是恭喜它们做了明智的抉择。我一向强调刊登广告的好时机有两个：一个是生意清淡的时候；另一个则是生意好的时候。虽然通常我都会在拉广告时阐述这个理念，成交之后我仍然会再强调一遍来增强新客户的信念。新客户需要的正是这种再次的保证，因此我会不厌其烦地一再重复。”

容我再次叮咛：永远别忘记向你的客户说，他们的选择是明智的。此外，很多客户事后会怀疑自己是否太过贪心和冲动，他们希望自己并非如此，既然这样，你何不向他们说，他们的选择是对的?

曾经有人问我：“恭喜客户难道不是销售员的自利举动吗?”我的回答是：“是又怎样？你何不这么做呢?”我已经会习惯性地恭喜客

户，而且我可以告诉你，从来没有任何一位客户因此向我抱怨，反而有时我还会听到客户轻轻叹了一口气，说道："唉！我就需要你的确认和保证，我花了不少钱买这辆车，我常常怀疑自己是否做了正确的决定。"

我不曾碰过不爱听好话的人，而当你在恭喜客户做了明智抉择的同时，你正是投其所好。不要再有任何保留，告诉他们买你的产品是多么明智。他们既然想听，就说给他们听吧。

"您真的很幸运！"

我记得当我两个孩子还小的时候，有位百科全书的销售员到我家里推销，我为孩子们订了一套，至今我还记得那位销售员动听的话，他对我的孩子们说："你们的爸爸送给了你们全世界最棒的礼物，等你们长大以后，你们将受用无穷！"他的话让我觉得自己像个伟人，我心里想着：他真是一位好人。他出门以后，我才想到刚才花了不少钱，我有些怀疑买它们究竟值不值得，可是看到孩子们高兴的样子，我知道要改变主意已经不可能了，否则我该怎么向孩子们交代呢？那个晚上我真的买了个教训，这个教训的价值可比那套书的价格高出太多了。

以后只要当我碰到两位客户一起来看车，其中一位要买车送给另一位时，我一定会这么说："玛吉，你有这样的老爸真好，他真的很爱你，所以才想为你买一辆车子！"

不论客户是买车给他的配偶、母亲、情人，还是其他任何人，这样的话我屡试不爽，只要能掌握这项要领，没有客户能事后反悔的，只要我在成交之前对客户赞不绝口，成交之后他们又怎么好意思反悔呢？

不要着急离开

我想最容易让客户生疑的举动就是客户支票上的签字墨迹一干，销售员就立刻夺门而出。只要有这种举动，客户必定会即刻生疑，因为你这么做等于告诉客户，你不过是想在他们身上捞点钱，它更肯定了原先客户对销售员的刻板印象："销售员只是要销售东西而已，一旦你向他们买了东西，你别想再见到他们了，更别说以后有需要时会得到任何服务。"当这种想法在客户的脑海中浮现时，他们不但会悔恨，而且会恨不得尽快取消订单。

然而，有些销售员以为越早离开客户越好，他们害怕客户可能在他们还没走的时候改变主意。事实上刚好相反，如果销售员像蝙蝠飞出洞穴般地离开，反而容易使客户怀疑销售员可能刻意隐瞒某些事。我想"摸黑躲债的销售员"的说法可能源于此。

当你取得订单后，不必急着夺门而出。你不但可以和他建立生意关系，还可能交个朋友，所以不妨多待一会儿，让他知道你并非只想赚他的钱，也把他当成朋友看待。无论你还有多少待访客户，都别忘了花点时间和客户聊个天，别让他认为他只是你的摇钱树而已。有时即使是客户急着要走，我也会反过来问他：“什么事那么急？如果方便的话，多坐一会儿吧！”接着，我会和他聊一两个和这笔交易完全无关的话题。

和客户正式商谈前，我会先推销自己，之后我会再推销自己一遍。这么做有两个好处：第一，它降低了客户事后反悔的概率；第二，通过这个过程，客户可能会帮你介绍更多新客户。

“请放心，我不会强迫您购买！”

有时候，我知道只有紧紧盯人才能做成一笔交易，但为了客户和我的利益着想，我会用比较迂回的方式来进行。我知道签约后如果我掉以轻心，有些客户的购买热度很容易降温。对于这些客户，我会加倍努力，尽量不让他们的反悔损及原有的订单。

对待这类客户，我会以轻柔的声调说道：“杰克，您知道吗？我有一个和其他销售员不同的地方。”

“那是什么，乔？”

“我从不相信紧紧盯人这套方法，我看过太多销售员使用你绝不敢苟同的压迫方式去销售。但对我而言，我不希望让客户觉得我好像为了讨口饭吃跟他们死缠烂打，我很庆幸自己不必像那些销售员一样过活。”我会稍微停顿一下再说，“能和您这位真正识货的客户做生意，我根本不需要使用那些销售伎俩。以这次交易来说，我并没有向您做任何销售就取得订单了，我相信您也能满意我为您所做的服务。”

“是啊，你真是服务到家，乔，多谢你了。”客户通常都会这样回答。

即刻掌握新客户

客户越快拿到产品，事后反悔的概率越小。因此，我希望让客户尽快开着新车回家。如果客服部能随时准备好车子让客户在成交当天取货，那是最好不过的。

如果成交后能引起客户的迫切需要感，客户自然会想要立刻拥有该项产品。只要能力所及，建议你尽可能立刻交货，尤其当你担心客户的购买热度会降温时，更应该这么做。

一位善用这种技巧的电脑销售员可能会这样说：“山姆，您介不介意我现在先拨通电话给我公司的客服部？我希望能尽快交货给您。”

或许一位精明的人寿保险经纪人还在客户公司时，就已经替客户安排好体检时间。正如本·费尔德曼说的：“销售的成败常常取决于能否让客户接受体检，无论我遇到的人有多少排斥人寿保险，只要我有办法让他们接受这项检查，10 个人中就有 7 个会投保。也就是说，差不多有 3/4 的受检者都愿意投保。我可以向你保证：如果你无法让他们做体检，你永远不可能将保单卖出。”[1]

费尔德曼安排这项检查时会对客户说：“毫无疑问，这项体检既不花费您半毛钱，也不会对您造成任何约束，所以您应该没有理由反对。您不妨接受这项免费服务，看看本公司是否有可能为您效劳。”[2]

股票经纪人在电话里就做成了生意。一切在电话挂断时已完全结束。像这种通过电话的快速交易方式，客户连反悔的时间都没有。

如果要找个最容易发生客户反悔的行业，我想休闲度假业应该名列前茅。据我所知，该行业的退单率为15%～18%。去年，我的两位朋友休和查利在密歇根州北部一处新的度假中心享受他们的“轻松”假期。他们花了16 000美元买了为期两周的度假计划。那位销售员可真有两下子。第一天他就带他们两人乘快艇游湖，接着他和查利去打高尔夫球，休则去打网球。他这么做无非想满足他们渴望拥有的自豪。“这是您的高尔夫球场，”他说道，“这是您的湖。”

为了降低客户的反悔概率，这位销售员更出奇招。他打探休和查利的亲朋好友的资料，并以免缴维护费、清洁费等费用作为诱饵。这才使我看出个中的蹊跷：在休和查利买了那个度假计划的当晚，我和他们的许多亲朋好友都接到电话，受邀免费前往该度假中心游玩。当然销售员声称是他们推荐我的。打了几通这样的电话后，休和查利想取消订单都难。想想看，他们如果取消这笔交易对亲朋好友将如何交代。

尽快提供售后服务

即使客户再满意，只要你没有履行承诺，照样会引起他的反悔。糟糕的是，有些考虑不周的销售员太在意招揽新客户，疏于履行对刚成交客户的承诺，而丧失一笔到手的生意。最后，他们的新客户一样会跑掉。

要让刚成交的客户反悔十分容易。有时它是一些小疏忽引起的，例如忘记留下一本小册子、没回电或者忘了履行服务承诺。在你看来，那也许没什么了不起，但对客户来说事关重大。通常，这些小事会让客户气得取消订单，销售员也会因此咒骂客户出尔反尔。然而，令人泄气的是，这些销售员似乎很容易碰到“出尔反尔”的客户。但根据这些销售员的说法，客户的反悔并不是他们的错。

无论你卖什么产品，你都应该向客户展示你提供良好服务的诚意，不只是寄一封感谢函而已，如果可能，最好能在成交之后 1～2 天内拜访客户。例如，一位人寿保险经纪人可能会在电话中提醒新客户，他会说：“我想提醒您别忘了星期五下午 2 点和西尔弗医生约好的体检。”而一位房地产经纪人可能在电话中说：“我会提供您三家本地最好的房贷金融机构的名称……”股票经纪人的说辞则是：“我已经帮您以 21.25 美元的价钱买了1 000股 XYZ 公司的股票，又以 21.5 美元的价钱买了2 000股。”

你必须经常与客户联络。不管是好消息还是坏消息，都要告知客户。销售员往往报喜不报忧，但这是一个大错误。一位好的股票经纪人应该这么说：“加里，今天 XYZ 公司的股票跌了 2 点，市场则跌了 32 点，但您是长期投资，今天一天的表现没有太大影响。”一位制造工厂的业务代表则应向零售商表示：“今天我已经和工厂联络过，我们目前因为暂时性的原料短缺，工作进度落后两周，但我会尽力赶上交货时间。”

绝大部分的客户都是通情达理的，他们也了解有时某些事情并非你或你的公司所能掌控，他们会欣赏你的告知和坦率，但如果你缺乏应有的沟通，反而容易使销售中途触礁。

确保销售的最佳话术

我教你一个可以问客户的问题，你将发现它具有消除客户反悔的神奇功效。当一笔交易签妥并准备要出货时，在我的客户尚未走出去之前，我一定会说："查理，在你离开前，我想问您一个问题。"

"好啊，乔，是什么问题？"

"我一向要求自己精益求精，所以在您走之前我想听听您的意见，"我以诚恳的口气说，"您告诉我您也逛过其他两个经销店，但最后您选择向我购买，这是什么原因呢？"

问完之后，我会安静地听他回答。我知道他会说我有多好，他说得越多，他就越相信自己的决定，其实他又被推销了一遍，只不过这次是他自己向自己推销。在他述说的过程中，他不但能勾勒出对产品的认知，而且清楚地了解为何会向我购买。他可能会说"乔，我向你买的原因是你真的替我着想""你从不紧紧盯住我""你从未向我推销我买不起的东西""你是真正的行家"等好话。就因为这些好话，我总不忘问客户几个问题，也许带有几分自我陶醉的情绪，但那又何妨？我们都需要适度地自我肯定，一天之中听些好话很有帮助，何乐而不为呢？

好处还不止于此，每当客户回答我这个问题时，我又学到许多宝贵的销售知识，这真美妙啊！销售工作做得越久，我反而觉得有越多东西要学。

现在你不妨想想：**当客户在你面前大肆恭维之后，他们怎么会反悔？又怎能取消订单呢？**试试这招吧，我保证你以后想要遇到客户反悔或取消订单都很难呢！

[注释]

[1] Andrew H. Thomson，*The Feldman Method*（Chicago：Farnsworth Publishing Company，1980），73.

[2] Ibid.，73.

第 13 章

成交不是结束

也许你会觉得本章的标题只是在玩文字游戏。我相信一定有人会感到奇怪，在一本讨论如何成交的书中，竟然会谈到服务客户的问题。然而，对我来说，服务客户和完成交易是绝对相关的——没有任何事情比“将来的销售”更重要。

接到订单只是一个开始。在现在的商业世界中，不做售后服务的人可以说完全没有生存空间。良好的售后服务是销售的一部分，体会不到其重要性的人注定失败。正如 IBM 的巴克·罗杰斯（Buck Rodgers）说的：“销售与安装通常是连在一起的，不可能只有其一。除非安装完毕，否则绝对卖不出去；而除非卖出去，否则不会安装完成。”当然，罗杰斯所说的正是售后服务，无论销售员卖的是电脑、汽车、寿险、股票还是其他任何产品都一样。

提供服务不能随心所欲，不能只选择特定客户。每个客户都有权利得到最好的服务。“客户至上”是每个销售员必须奉行的信念。这个信念在日本最为普遍，那里的销售员都尊称客户为“kami-sama”，意思就是“神”，所有客户都会受到最大程度的尊敬。我不认为日本人比美国人会做生意，但他们的确较为客户着想，因为只有这样才能在日本的竞争环境下生存。当然，并不是每家日本公司的服务都非常好，但服务不好的公司通常会被淘汰。只有服务最好的公司才能进入美国市场。无怪乎这些日本公司在美国的表现会这么好。

业绩好坏的差别不在于产品本身，服务品质才是主导因素。做好售后服务的好处是客户会继续和你做生意，他也会帮你介绍其他客户。如果你服务良好，在你从事销售工作两年以后，你的生意将有80%来自现有客户。另外，无法提供良好服务的销售员绝对无法建立稳固的客户群，也不会有良好的声誉。不会服务的销售员永远只会事倍功半。

不以服务为导向的销售员，前途一定暗淡无光，未来也充满挫折与失望。他们就是那种每天辛苦工作却只能勉强糊口的大多数销售员。他们永远没办法建立坚固的客户群，每年都必须像刚刚入行的新手一样重新来过。大部分人都会干不下去，最终精疲力竭。所以，尽可能给予客户最好的服务，是在销售员这一行生存下去的关键。任何掺水的服务都是不可想象的。

销售员必须坚持的信念

影响IBM公司重大决策的有三大基本理念，那就是：**（1）尊重每**

个客户；（2）向客户提供全世界最好的服务；（3）要求员工有最杰出的表现。

听说这三大基本理念支配了 IBM 所有的政策。我认为，IBM 在这么成功以后还能秉持原则是很令人敬佩的。虽然这三大基本理念都很重要，但我在本章要特别强调第二大基本理念，我认为它非常重要，每个销售员都要在心中谨记服务客户的重要性。这个理念不只适用于美国，也不只适用于电脑业。我再重复一遍：向客户提供全世界最好的服务。

一家管理良好的公司要有经营理念作为指引，一个顶尖的销售员也要有他的销售理念。这个销售理念必须非常坚定，足以影响你每天的销售活动。我无意告诉你该有怎样的理念，但我认为如果你要做一个成功的销售员，你就必须努力为客户提供最佳的服务，我建议你坚信这个理念，在你的销售生涯中每天奉行不渝，如果你能这么做，你就会迈向成功。

以客户服务为导向

每个销售员在提供客户服务时，多少都会受到限制。事实上，我不认为一个以客户服务为导向的销售员所在的公司不是如此。

特别是生产高科技产品的公司更是如此。这种产业在制造阶段就已经把服务因素考虑进去了，并且投资大量资金。例如，大型机械、电脑、汽车等产品必须有一定的品质水准，良好的品质能为消费者省下未来维修的费用和烦恼。想降低品质来省钱的公司，只是把生产费用转嫁到客户身上。万一发生这种事，销售员的服务品质就会大受限制，不仅无法满足客户的需求，而且信誉会受到严重影响。

每次有从事销售工作的年轻人跑来找我，问我如何挑选公司时，我总会强调为一家以客户服务为导向的公司工作的重要性。我会建议他观察公司的售后服务状况。例如，这家公司会不会寄问卷给新客户、会不会收集有助于改进产品品质及服务的信息。此外，还要观察客服部工作人员的待遇如何，看看公司是否同等重视客户服务人员和销售员，再看看客户服务人员是否经常和销售员一起合作。如果客服部和业务部离得很远——在另外一幢大楼、城市的另一边甚至另一个城市——两个部门的沟通则会非常不畅。有些公司甚至没有设立客服部门，或者只给客户免费服务专线号码，最后还是要由有客服部门的地区经销商来处理。我不只建议销售员远离这种公司，我甚至建议消费者抵制这种公司的产品。

糟糕的是，有些公司在倾力销售之后，会以牺牲现在的客户为代价。**如果无法留住既有客户，那什么也做不好。**如果你正为这种不肯服务客户的公司工作，我的建议是立刻走人，换一家在这方面做得很好的公司。你不必觉得这是不忠的行为，任何缺乏服务热诚的公司都不值得你对它忠心。

优良服务的重要性

虽然现在有许多速食餐厅、自助百货公司、自助加油站，但是美国人仍然喜欢良好的服务，而且他们也愿意为良好的服务付钱。

联邦快递是美国民众愿意为较好的服务额外付费的最佳例子。消费者愿意为保证跨州、跨市隔夜送达的服务，付出比一般信件高出几十倍的额外费用。有趣的是，大部分普通函件都可以在 24 小时内送达，但没有服务保证。我认为这一点透露了美国人对优良、可靠服务的喜爱。

我确定客户都愿意为优良服务付出额外费用。我的客户一再跟我说："乔，在向你买东西以前，我到处都比价过了，虽然你的价钱比别人贵，但我还是要向你买，因为你有一样东西是别人无法给我的，那就是你，乔。"每次我听到这种评论，我都会认为这是最好的恭维。再度销售会比首次销售所花的力气要少。客户确实很感谢我提供的服务，当他们要买另一辆车时，绝不会忘记我。可以说，在他们还没来找我之前，我就已经把东西卖出去了，因为我在第一次卖东西时就提供了很好的服务。

最近我在一份调查报告中读到，虽然有些以客户服务为导向的公司会多收 10％的费用，但它们的市场占有率每年增加 6％，服务不佳的公司每年则减少 2％。我认为这显示良好的服务确实是值得的，并深受广大消费者的喜爱。此外，服务良好的销售员要比服务不良的销售员有更好的业绩。遗憾的是，客户通常不敢期待销售员会有良好的服务，如果有，他们反而会非常惊讶。真是太糟了，不应该这样才对。

客户的价值

突然灵光一闪涌现脑中并深刻影响你一生的那些想法是非常有意思的。几年前我听人说过："销售游戏的名称就叫作服务。尽量给你的客户最好的服务，让他一想到和别人做生意就有罪恶感。"我一直牢记这句话，我也奉行不渝。这个信念对我的销售生涯影响至深，远超过其他因素。

我一向认为我每卖出一辆车，就是一段长期关系的开始。我相信，如果卖出一辆车后，就不再和客户继续往来，那就是失败的。想在任何行业成功，最重要的就是要好好服务客户，让他再回来跟你做生意。如果你能想到一个客户在一生中会买好几辆车，你就知道第一辆车只是冰山一角了。**我算过，每个客户一生平均要花上几十万美元来买车。如果再加上客户的家人和朋友，这个数字至少要乘以 7。**

如果能算出一家公司打进市场所花费的金钱，就可以知道任何销售员都负担不起失去一位既有客户的损失。例如，有一位销售员算过，每间展室平均要花 85 美元的广告与推广费用，他的公司平均要花 340 美元的广告才能拉到一位客户。再加上其他花费，傻子也知道因服务不良而失去客户的损失有多大。

所有的零售业都可以算出开发一位客户要花多少钱。在外头跑的销售员也可以计算每做成一笔生意要花多少成本，除了有形的花费外，每个销售员还得花心血、时间、汗水等无形成本。例如，一个初入行的股票经纪人每天可能得打上百通电话，而往往只有一通电话能成交。

同样的道理，不动产经纪人要拜访邻近地区，才能把名单列好。刚入行的人寿保险经纪人也必须打上百通电话才能约到一个客户。记住，这只是刚接触而已。想想看，如果一个销售员的成交率为 20%，那做成一笔交易要花多少时间与精力。

这些都显示出做成一笔交易要投注非常庞大的费用，因此得到一个客户后，绝对不能轻易失去。然而，我经常看到有些销售员因为愚蠢的理由流失客户。例如，一位客户把价值 25 000 美元的新车送回来修理，原因是音响无法使用。当音响弄好之后，销售员告诉他这不在保修的范围内，因为音响是车主的孩子弄坏的，所以车主得付 50 美元维修费。客户不情愿地付了钱，但别想要他再度光临。为了区区 50 美元，竟丢掉 25 000 美元的生意！虽然这事错在客户，但为了取悦他以保持良好关系，即使你得自掏腰包也应在所不惜。只要你算一算要投资多少才能得到一个新客户，你就知道这是聪明的做法。毕竟，开发一位新客户的花费要比留住旧客户多上好几倍。如果你付不起这笔钱，我建议你把广告费省下来，用剩下的钱平息纠纷。这样你就可以让客户得到他原本无权得到的服务。我向你保证，如果你肯这么做，你一定会赚回更多的钱。

小事情，大不同

长期而言，真正能使销售员与客户建立长久关系的，是日常一些关怀的小动作。在与客户建立稳固关系的方式中，我最喜欢经常用信件和客户联络。成交之后，为了确保客户不会忘了我，我想出用信件联络的方式。事实上，有些人会开玩笑地说："如果你向乔·吉拉德买车，你得出国才能摆脱他的纠缠。"我一直把这句话当成恭维。

为了确保客户没有忘记我，所有客户在每个月都会收到我的问候函。我会选择素面的信封，每次设计特别的颜色和尺寸，以免让人以为是垃圾邮件，还没看就丢掉了。我会在信里附上一张卡片，正面写着："我喜欢你。"背面的字句每年都相同，一月是"乔·吉拉德祝你新年快乐"，二月是"情人节快乐"，三月是"圣帕特里克节快乐"等，一直到感恩节和圣诞节为止。

我从来不在1日和15日寄信，因为大多数人在这两天都会接到一大堆账单。我要在他们心情好的时候才和他们联络。通常，一个父亲晚上回家时，第一件事是先亲吻太太，然后他会问两个问题，首先是"孩子在哪里"，接着是"今天有没有我的信"。等到信打开以后，孩子们开始大叫："爹地，有一封乔·吉拉德的信！"你看看，全家人都围在一起。他们会喜欢这张卡片，而一年有12次我的名字会快乐地出现在客户家里。直到我销售生涯的尾声，我一个月要寄出1 400张卡片，一年就有16 800张。如果你再计算每张高级信纸的价钱，就知道我在邮件上所花的钱要比一般销售员多很多。我为什么要这么做？因为我要告诉客户一件事：我喜欢他们。这值得吗？一定值得。每年有65%的老客户继续和我做生意，就是因为这些信。

如果有销售员问我一张卡片能有多大影响，我没有确切的答案。

我无法知道每封问候函对每个人有多大效果。一通电话和一张感谢卡的价值要怎么计算呢？我不认为单独一封信会有多大效力，毕竟没有人会因为国庆日收到一张卡片，就花几万美元买东西。但我认为所有小东西加起来，一定会有很大的作用。

我清楚记得，有一次我就是因为某件销售员没注意到的小事而拒绝购买他的产品。原先我想买部文字处理机，我打电话和销售员约好 1 点 30 分到店里商谈。当我准时在 1 点 30 分抵达时，销售员竟然不在。20 分钟以后他才进来。

“抱歉我迟到了！吉拉德先生，”他说，“你要看些什么？”

“你知道吗，如果你和我约在我办公室里见面，你迟到的话，我还有很多事情可以做，我也不会那么生气。但现在是在你的办公室，你根本没有理由迟到。”说完我缄默不语。

“我道歉！我在对街的自助餐店吃饭，那里的服务速度实在太慢了。”

“我不接受你的道歉，”我说，“你和客人有约，如果你发觉快要迟到了，就应该先不吃午餐来赴约，我是你的客户，不是你的胃，你应该把我放在第一位。”

尽管他的价格很吸引我，但我还是没买，因为我对他的迟到太生气了。可悲的是，我相信他根本不明白为什么做不成生意。

我相信，有很多销售员因为不重视细节而失掉客户。因此，如果你察觉有些小细节可能会得罪客户，就要毫不犹豫地改正。罗尼·利曼（Roni Leeman）在俄亥俄州的贝克斯利卖高级房子，她经常提供给客户许多贴心的服务。正如客户对她的评语：她从来不会忽略任何一个客户。她说："我不断提供一些与房地产无关的服务。例如，我会充当他们的情报中心，为他们提供教育体制、残障儿童学校、宠物、教会、可靠的管理员等方面的信息。我也会建议他们找哪些承包商来改建房子。如果客户到外地去，我会安排人帮他们关灯、关煤气、关水，以及接听电话。我还会联络承包商，帮他们贴壁纸、刷油漆、铺地毯。我甚至会在大热天帮他们浇草坪。"

如果房子发生什么问题，利曼会立刻自掏腰包补偿客户。"有一对夫妇刚搬进新家，却发现没有门把手。原来的屋主已经不在了，所以我必须自己买一个新的给他们。但花这区区 150 美元又如何？这是价值 500 000 美元的房子，他们的好感对我很重要，"她接着解释，"由于交易金额很大，如果让中间人抽 6%的佣金，却一点服务都没有，买主会不高兴的，你付那么多钱给销售员，你就有权得到英国女王般的待遇。"

夜以继日地服务

如果你研究美国成功的公司，你会发现它们有一样共同的特质——杰出的公司都会提供最优良的服务。IBM 公司、麦当劳速食连锁店、美国运通公司等，在世界各地的业界都有举足轻重的地位。同样地，我知道的每个表现优秀的销售员也都着魔似的服务着他们的客户。这类型的人总是想尽办法来取悦客户。不管他们销售的产品是什么，他们始终夜以继日地为客户服务，每一行的佼佼者都是如此。

不断地用服务对客户疲劳轰炸，竞争者就无可乘之机。一两次的大行动无法赢得终身客户，只有永不懈怠地服务客户，才能建立长久关系。如果你这么做，你就会被客户视为可信赖的人，因为你永远随叫随到。这听来很简单，也确实很简单。它没什么复杂和困难。但它确实需要永不间断的自我鞭策。

我曾在超市看到非常棒的服务。我兴趣盎然地看着菲多利饼食的销售员盘点架上的存货。这位销售员小心翼翼地清点着架上的产品，以确定没有任何一个架上的菲多利产品有所短缺。我向他自我介绍后，和他聊了些客户服务的问题。“你绝不会相信，乔，”他说，“我曾经开车开了 20 英里的路，只为了送价值 40 美元的马铃薯片给客户。”

“你不是开玩笑吧？”我说，“你为这么小的订单花这么多时间，怎么赚得到钱？”

“公司坚持要我们提供这种服务。你说得没错，为了这么小的订单开这么远的路的确不划算，甚至连我的工钱都不够付。可是一旦我让菲多利的产品上了架，我就希望它永远都在架上。做我们这一行，架上的饼就是一切。我不想因为我让客户不满意而失去任何一家店。”

回家后，我开始对菲多利做了点小研究。在多达10 000多个销售员的全力抢攻下，我发现它占了马铃薯片和脆饼 70%的市场。它和别家厂商提供的产品并没什么不同。唯一能解释它占有这么大市场的理由就是它要求所有销售员都要持续不断地服务客户。如同我所说的这位销售员，所有菲多利的销售员都努力为客户服务。一旦他们进驻一家店里，他们就会服务到底，抓住这家店不放。

正如前面那位努力服务零售商的销售员一样，国际家具公司的斯坦·格利克（Stan Glick）也是如此。这位全国最顶尖的家具制造商的销售员的成功事业也是靠他孜孜不倦地为零售商服务得来的。格利克知道扩增客户的重要性，一旦零售商向他订货，他会想尽办法使这家店成为他的下线。他不但经常盘点库存，而且建议店家把卖得太慢的货退回去。他经常和店家开会，一起想办法把货销出去。他还会帮忙设计广告，建议零售商用他自己的，或者其他人想出的好点子。

还记得前面提过的清风房车公司的拉里·哈托吗？哈托表示，清风房车公司的顶尖销售员在客户付款后将车开走之前，都会花 3～5 小时来做示范。销售员指导客户每个细节，例如怎样打开热水加热器，怎样找上面的保险丝，怎样移动插孔等。“我见过一些销售员只是简单地将使用手册递给新客户，说‘拿着，读一读’。”哈托解释道，“在我遇到的人中，很少有从使用手册中学会怎样开房车的。我们想让客户从房车中得到最大的满足，因为我们还想客户从我们这里买其他东西，我们想让他们把朋友也介绍过来。一个顶尖的销售员告诉他的客户‘我一天 24 小时服务，你有问我必答。如果有问题，你还可以直接来我店里或家里’。我们的销售员很了解我们的产品，当客户有问题时，通常在电话里就可以解决问题，并让客户去联系该区域内相关的维修人员。”

不管你卖什么（马铃薯片、家具或运动器材），良好的服务都是赢得长期客户的不二法门。而且，你应该随时提供稳定、可靠的服务，并经常与客户保持联系。这样，一旦有问题发生，你才能立刻帮客户解决。如果你只在发生重大问题时才和客户接触，你就很难取悦他。例如，我见过许多股票经纪人只在有好消息时才通知客户。通知好消息是很容易的，例如“XYZ 股今天上升 2 点”“ABC 公司宣布要收购 XYZ 股”。但是经常向他们通知坏消息也是很重要的，例如“我刚听说 XYZ 股本季会下跌 15%，我认为应该告诉你”“某公司的并购失败了”。

你必须记住，你的工作不只是从一笔生意到另一笔生意，只努力招揽新客户——你还必须照顾既有客户。糟糕的是，许多销售员仍然认为：“服务客户赚不到钱。”乍看之下，服务客户会浪费你开发新客户的时间，但事实并非如此。客户的确喜欢接受服务，他们会一直和提供服务的销售员做生意。此外，他们还会介绍新客户给你，这就是滚雪球效应。

我要再次提醒你：服务、服务、服务。尽可能把客户服务得舒舒服服，让他一想到和别人做生意就有罪恶感。这是销售生涯的成功基石，因为你能不断地和他做生意。

最后提醒：事先准备

我要强调事先准备的重要性。绝对没有捷径。不论你卖什么，也不论你在哪里卖，你都要先做好家庭作业。正如我的座右铭：“通往

健康、快乐、成功的道路没有升降机，你必须一步一个脚印。”希望我在书中强调的次数足以将这个道理印在你的脑海里。

肯下苦功，再加上本书介绍的销售技术和观念，你现在已经拥有随时可以披挂上阵的能力了。这些不是废话，相信它，你就能成功。

在前言中，我要求你接受挑战，接受我的想法，让这些想法对你比对我更有用。我要再次强调——我向你挑战。

图书在版编目（CIP）数据

怎样成交每一单 ：修订版 /（美）乔·吉拉德，（美）罗伯特·L. 舒克著 ；刘志军，熊璞刚，韩冰译. -- 北京 ：中国人民大学出版社，2024.4

（乔·吉拉德巅峰销售丛书）

书名原文：How to Close Every Sale

ISBN 978-7-300-32536-1

Ⅰ. ①怎… Ⅱ. ①乔… ②罗… ③刘… ④熊… ⑤韩… Ⅲ. ①销售—通俗读物 Ⅳ. ①F713.3-49

中国国家版本馆 CIP 数据核字（2024）第 007405 号

乔·吉拉德巅峰销售丛书

怎样成交每一单（修订版）

［美］乔·吉拉德　罗伯特·L. 舒克　著

刘志军　熊璞刚　韩冰　译

Zenyang Chengjiao Meiyidan

出版发行	中国人民大学出版社		
社　　址	北京中关村大街 31 号	**邮政编码**	100080
电　　话	010－62511242（总编室）		010－62511770（质管部）
	010－82501766（邮购部）		010－62514148（门市部）
	010－62515195（发行公司）		010－62515275（盗版举报）
网　　址	http：//www. crup. com. cn		
经　　销	新华书店		
印　　刷	涿州市星河印刷有限公司		
开　　本	890 mm×1240 mm　1/32	**版　　次**	2024 年 4 月第 1 版
印　　张	7.25	**印　　次**	2024 年 11 月第 2 次印刷
字　　数	146 000	**定　　价**	68.00 元